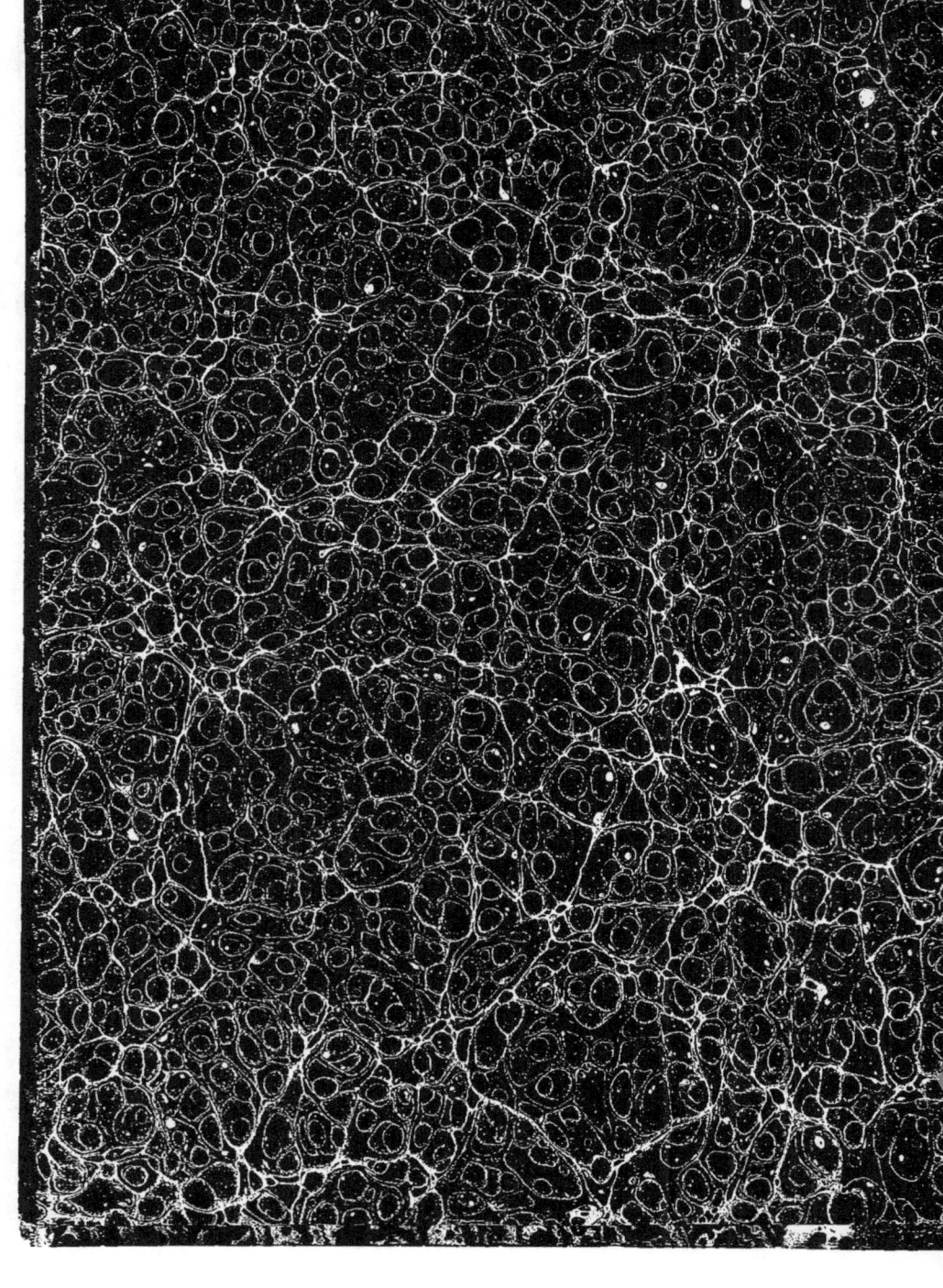

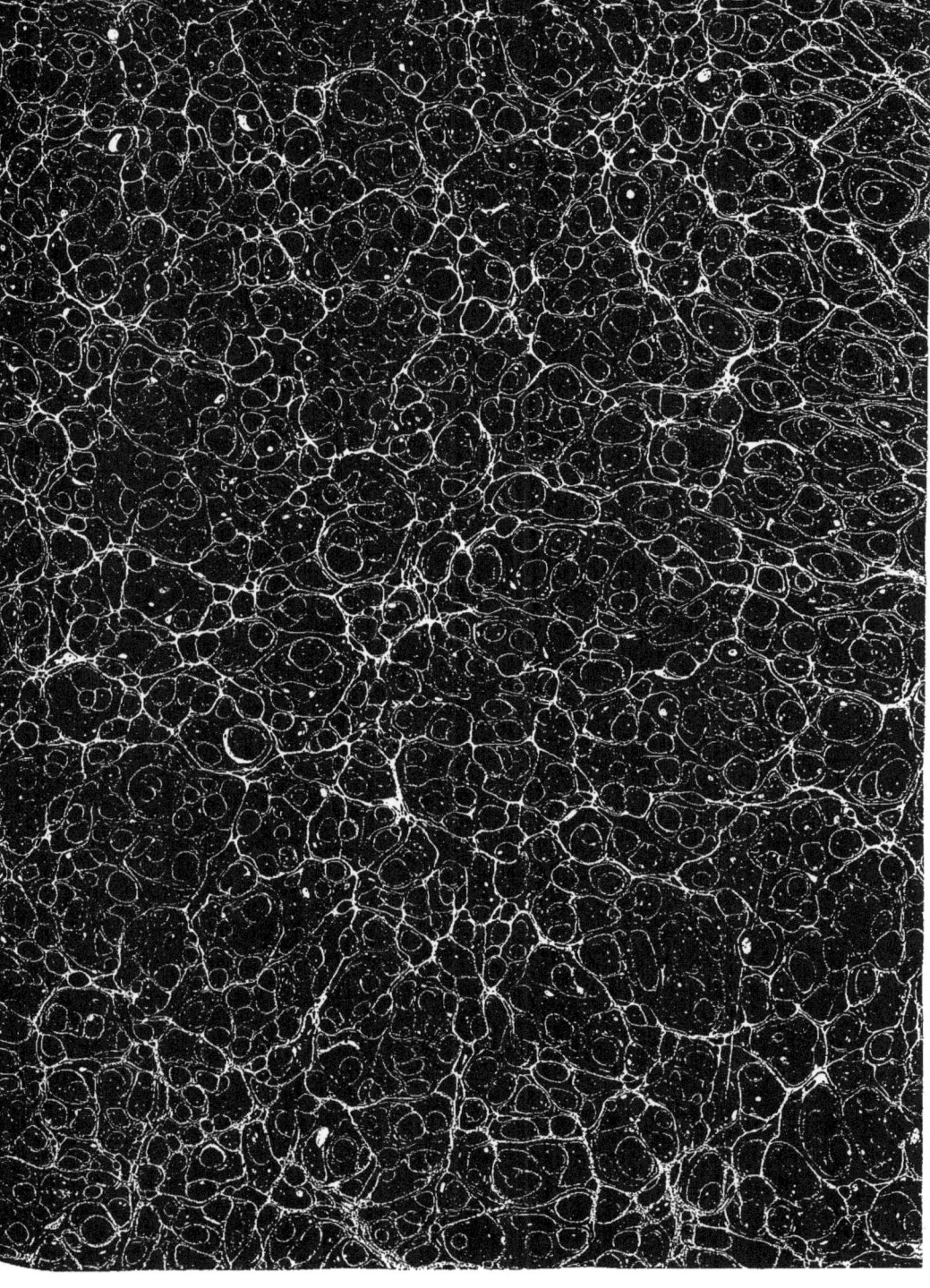

L m 472³

GÉNÉALOGIE HISTORIQUE DE LA MAISON DE GROUCHES-DE-CHEPY,

EN PICARDIE;

Rédigée sur les Titres originaux & autres monumens & documens,

Par M. CLABAULT, Auteur, en 1764, du Tableau Généalogique de la Maison Royale de France.

A PARIS,

De l'Imprimerie d'AUGUSTIN-MARTIN LOTTIN, l'aîné, Imprimeur du Roi & de la Ville.

M. D. CC. LXXVIII.

DE GROUCHES.

D'or à trois faces de gueules ; support deux sauvages au naturel, feuillés de sinople, tenant chacun une massue baissée : couronne ducale, surmontée d'un casque grillé en face, avec ses lambrequins d'or & de gueules, & son cimier représentant un demi-corps de femme échevelée, au naturel.

AVERTISSEMENT.

Pour faire voir, ainsi qu'on l'annonce dans l'Histoire Généalogique de la Maison de Grouches, les divers canaux par lesquels cette Maison descend des Princes Souverains de l'Europe, on a placé à la fin, plusieurs tables des quartiers paternels & maternels des Femmes, dont l'alliance a procuré successivement cette illustration.

On trouvera à la suite, le Tableau Généalogique de la Maison de Grouches, qui comprend l'illustre Postérité de quelques-unes des Filles de cette Maison; parmi laquelle on voit, entr'autres, l'Electeur Palatin Regnant, le Duc de Chartres, & le Prince de Condé.

GÉNÉALOGIE

GÉNÉALOGIE HISTORIQUE
DE LA MAISON
DE GROUCHES,
EN PICARDIE.

LA MAISON DE GROUCHES, l'une des plus nobles & illustres de la Picardie, tire son nom de la Terre de Grouches, Seigneurie située près de la ville de Doulens;

2   *Généalogie de la Maison*

ce qui prouve l'antiquité de son origine. Elle a produit divers personnages de la plus grande distinction, qui ont tenu les premiers rangs, soit à la guerre, soit dans les assemblées publiques. Leurs services considérables, auprès de nos Rois, ont été, dans tous les temps, d'autant plus importans & recommandables, que la quantité de Terres & Seigneuries qu'ils ont possédé, leur a toujours procuré les richesses nécessaires pour les soutenir & les continuer. Les alliances de cette Maison n'ont pas moins été recherchées, & ont tellement concouru à son illustration, qu'Elle se trouve descendre, du côté des femmes, par une infinité de lignes, de l'auguste Maison de France, & de tous les Souverains de l'Europe, ainsi qu'il se voit dans un Tableau Généalogique, dressé particuliérement pour la preuve de ce fait intéressant, & comme on pourra le reconnoître par la Généalogie, dans les détails historiques de laquelle l'on va entrer.

I.

CAMBERON.
De gueules à trois fasces d'or.

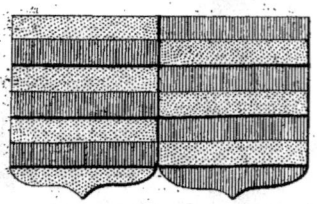

THIERRY DE GROUCHES, Seigneur de Grouches, de Lencheul, de Brevilliers, le premier dont la mémoire se soit conservée jusqu'à nous, vivoit vers l'an 1290, sous le régne de PHILIPPE le *Bel*. On ignore le temps de sa mort ; mais on sçait qu'il fut enterré en l'Eglise de Grouches (a).

(a) Arch. de Grouches.

de Grouches-de-Chepy.

Il avoit épousé MARIE de Camberon, sœur de *Jeanne* de Camberon, femme d'*André*, sire de Rambures.

Ils laissèrent, entre autres enfans:

1 SIMON DE GROUCHES, Seigneur de Grouches, qui suit.

II.

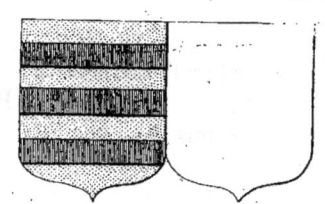

SIMON DE GROUCHES, Seigneur de Grouches, &c. étoit *Ecuyer de la Compagnie de* RAOUL *de Brienne, Comte d'Eu, Connétable de France,* lorsqu'il se trouva à la défense de Tournay, contre les Anglois, en l'an 1339; & servit ensuite, avec deux Ecuyers de sa Compagnie, sous *Godemar* de Fay, Seigneur de Botheon, Gouverneur de Tournaisis, & Capitaine général des frontières de Flandres & de Hainaut (*a*).

(*a*) Compte de Barthelemy du Drac, Chamb. des Comptes.

Le nom de sa femme est ignoré; mais il eut pour fils:

1 GERARD DE GROUCHES, Seigneur de Grouches, qui suit.

Généalogie de la Maison

III.

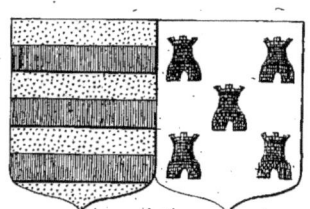

BAYENCOURT.
D'argent à cinq tours de gueules crénelées de 3 créneaux, ouvertes d'une porte sans fenêtres, & posées en sautoir.

GERARD DE GROUCHES, Seigneur de Grouches, de Lencheul, de Brevilliers, laissa de son mariage, avec JEANNE de Bayencourt, fille du Seigneur de Bayencourt, & de N.... de Noyelle en Artois, (a) entre autres enfans :

(a) Arch. de Grouches.

1 ROBERT DE GROUCHES, Ier du nom, Seigneur de Grouches, qui suit.

IV.

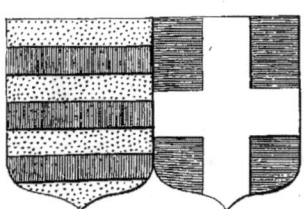

FRAMEZELLES.
D'azur à la croix d'argent.

ROBERT DE GROUCHES, Ier du nom, Seigneur de Grouches, de Lencheul, de Brevilliers, &c. fut enterré en l'Eglise de Grouches (b).

(b) Arch. de Grouches.

de Grouches-de-Chepy. 5

Il avoit époufé MARIE de Framezelles, fille de *Robert* de Framezelles, Chevalier, Seigneur de Framezelles, & de *Jeanne* de Sempy. Elle fut inhumée à Grouches, auprès de fon mari; duquel elle eut entre autres enfans:

1 JEAN DE GROUCHES, dit *le Begue*, Ier du nom, Seigneur de Grouches, qui fuit.

V.

GRIBAUVAL.
De fable à trois mo-
lettes d'argent.

JEAN DE GROUCHES, dit *le Begue*, Ier du nom, Chevalier, Seigneur de Grouches, d'Authieulle, de Lifbourg, de Gribauval, &c. fervoit en 1411, 1412 & 1413, dans la Compagnie d'*Enguerrand* de Bournouville, compofée de 36 Ecuyers & 40 Archers; & fe trouva en la même année 1412, au fiége de Bourges, où le Roi CHARLES VI étoit en perfonne (a). Il étoit Porte-Enfeigne de la Compagnie de Gensdarmes de JEAN *fans peur*, Duc de Bourgogne, en 1415, & accompagna ce Prince, dans toutes les occafions de guerre qui fe préfentérent de fon temps, principalement à la bataille d'Azincourt, où il fe fignala. Le Duc de Bourgogne étant entré dans Paris en 1418, *Jean* de Grouches fe faifit de Creil avec huit hommes feulement, fe rendit maître de la Ville &

(*a*) Chambre des Comptes.

6   *Généalogie de la Maison*

du Château, dont il demeura Capitaine, après en avoir chassé le Comte de Ventadour, le sire de Châteaumorant, & *Charles de Saint-Soulieu*, qui en sortirent cependant avec leurs soldats & Gensdarmes, vie & bague sauves (a). Le Seigneur de Gribauval (*Jean* de Grouches) les Seigneurs de Crequy, de Lallain, de Luxembourg, & de Manicam, avec 900 combattans ayant attaqué, en l'an 1431, le Fort de l'Abbaye de Saint-Vincent-de-Laon, Manicam y fut tué; & le Seigneur de Gribauval, qui y fut fait prisonnier, offrit vainement une grande somme d'argent pour sa rançon. Il ne put l'obtenir, dit l'Historien, *en haine que la Commune avoit contre lui, à cause de la guerre qu'il leur avoit fait depuis long-temps* (b). Rendu enfin, par la paix, à ses affaires domestiques, il fit l'acquisition de quelques prés & prairies près de Ham, par acte du 6 Octobre 1438, où il est qualifié *Seigneur de Grouches & d'Authieulle* (c): fit d'autres acquisitions de *Robin* de Louvencourt, par actes des 1er & 14 Novembre 1439 (d): fut présent, le 8 Novembre 1441, au traité de mariage d'entre *Jeanne* de Maillefeu, sa niéce, & *Guillaume* Daullé (e): est titré *Seigneur de Lisbourg & de Gribauval*, en Flandres, du chef de sa femme, dans la foi-hommage que lui fit, le 2 Juin 1450, *Jean* de Gribauval, Archidiacre de Haynaut (f); & mourut avant le 25 Janvier 1455, que son fils aîné s'intituloit *Seigneur de Gribauval*. Il fut inhumé à Grouches, au tombeau de ses Ancêtres (g).

Il avoit épousé, vers l'an 1430, JEANNE de Gribauval, Dame de Gribauval, de Lisbourg, de Morcourt, du Luat, &c. fille d'*Enguerrand*, Seigneur de Gribauval & de *Marie* Quieret; descendue de *Hue* Quieret, Seigneur de Dourier, vivant encore en 1209, ainsi que de *Hue* Quieret, Amiral de France, mort dans un combat naval, contre les Anglois, en 1340; & petite-fille de *Gerard*, Seigneur de Gribauval, & de *Jeanne* de Nanteuil-le-Haudouin. Elle devint Dame de Gribauval, & héritière de

(a) Chroniques de Monstrelet sous l'an 1418.

(b) Monstrelet, ibid. f° 70.

(c) Archiv. de Grouches.

(d) Ibid.

(e) Ibid.

(f) Ibid.

(g) Ibid.

son ancienne Maifon, l'une des plus nobles & illuftres du pays d'Artois, par la mort de fes trois freres, tués à la bataille d'Azincourt, en 1415, fans alliance : eft nommée avec Jean de Grouches, fon mari, dans la foi-hommage énoncée ci-deffus, du 2 Juin 1450 : s'en qualifie *veuve*, dans les Lettres royaux, qu'elle obtint le 19 Juin 1456 (*a*); & s'intitule *Dame du Luat* & *de Morcourt*, dans un bail à cens, qu'elle fit le 7 Août fuivant (*b*). Elle vivoit encore *veuve* le 3 Mars 1462, fuivant une Tranfaction de cette date (*c*): & fut enterrée à Grouches, auprès de fon mari (*d*), laiffant de fon mariage :

(*a*) Archiv. de Grouches.
(*b*) *Ibid.*
(*c*) *Ibid.*
(*d*) *Ibid.*

1 HUBERT DE GROUCHES, Seigneur de Gribauval & de Grouches, qui fuit.

2 JEANET DE GROUCHES, Ecuyer, Seigneur de Grouches, & d'Authieulle, eft ainfi qualifié, dans une Tranfaction qu'il paffa le 3 Mars 1462, comme fondé de pouvoir de *Jeanne* de Gribauval, fa mere (*e*); & fut tué en 1465.

(*e*) *Ibid.*

On ignore le nom de fa femme : mais il paroît certain qu'il eut, pour fille :

1 MARIE DE GROUCHES, qui eft dite avoir été mariée en dernières nôces, à feû GUY de Mesgut, Chevalier ; être ayeule maternelle de *François* de Framezelles, Ecuyer ; & coufine-germaine de défunte *Jeanne* de Grouches, veuve en premières nôces de *Louis* de Rond, Ecuyer, Seigneur de Brevilliers, dans un acte du 2 Octobre 1555 (*f*); ce qui prouve que MARIE de Grouches & GUY de Mesgut, fon mari, avoient eu pour fille :

(*f*) *Ibid.*

Généalogie de la Maison

1 N... de Mesgut, femme de N.... de Framezelles, desquels vint :

1 FRANÇOIS de Framezelles, Ecuyer, vivant en 1555.

3 PHILIPPE DE GROUCHES, fut mariée à *Jean* de Bayencourt, Chevalier, Seigneur de Bayencourt & de Bouchavannes ; duquel elle eut postérité : & parmi leurs illustres descendans, l'on voit aujourd'hui, le Duc de Chartres, le Prince de Condé, le Duc de Penthièvre, & les Seigneurs les plus distingués du Royaume, suivant la filiation qui en est rapportée au Tableau Généalogique de la Maison de Grouches, dont on a cru devoir omettre ici les détails.

VI.

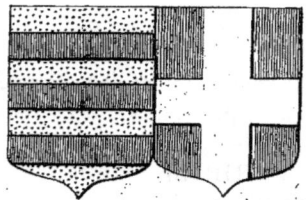

WAMBOURG.
De gueules à la croix
d'argent.

HUBERT DE GROUCHES, Chevalier, Seigneur de Grouches, de Gribauval, de Morcourt, du Luat, de Trenquie, de Soucy, des Bordes, &c. Conseiller, Maître-d'Hôtel du Roi LOUIS XII, est dit fils du *Begue* de Grouches (JEAN) dans une quittance que le nommé Villain, Receveur de Beauval, lui donna

de Grouches-de-Chepy.

donna le 25 Janvier 1455 (*a*). Etant paſſé au ſervice du Duc de Bourgogne, ſes Terres & Seigneuries de Morcourt, du Luat, de Trenquie, de Soucy, & des-Bordes furent ſaiſies; & la jouiſſance en ayant été donnée à *Louis* de Luxembourg, Conneſtable de France, ce Conneſtable les lui reſtitua enfin, & lui en donna main-levée, par acte du 1er Mars 1473 (*b*). *Jean* de Longueval, Chevalier, Seigneur de Vaux, Chambellan du Duc de Bourgogne, atteſtant par un certificat du 1er Mai 1476. « Que *Hubert* de Grouches, (ſon proche parent) comme » poſſeſſeur de pluſieurs Terres en l'obéiſſance du Duc de » Bourgogne, s'étoit retiré auprès de ce Prince, & l'avoit » fidélement ſervi, que par conſéquent il devoit jouir de la » Treve accordée entre le Roi & ce Duc, » fait aſſez connoître les motifs de la conduite du Seigneur de Grouches, & qu'il avoit été forcé de manquer ainſi à la fidélité qu'il devoit à ſon Prince naturel. La main-levée de la ſaiſie de ces Terres lui fut cependant accordée le même jour 1er Mai. Etant rentré dans l'obéiſſance du Roi, & ayant prêté ſerment de fidélité à Sa Majeſté, de nouvelles main-levées lui furent encore accordées, les 6 & 12 Juin, & 18 Octobre de la même année 1476 (*c*). Il afferma ſa Terre & Seigneurie de Grouches, par acte du 19 Septembre 1484 (*d*); fut préſent au Contrat de Mariage de *Jacques* de Grouches, ſon fils aîné, le 30 Janvier, que l'on diſoit encore 1488 (*e*); & à celui de *Jeanne* de Grouches, ſa fille, le 3 Septembre 1489 (*f*); pour raiſon duquel il fit une conſtitution de rente, par acte du 29 du même mois de Septembre (*g*). Il eſt encore qualifié *Conſeiller, Maître-d'Hôtel de Monſieur le Duc d'Orléans* (depuis LOUIS XII), dans l'obligation d'une certaine ſomme d'argent, qui fut faite à ſon profit, le 17 Mars 1493 (*h*); & mourut avant le 8 Juillet 1501. Il fut enterré à Grouches, au tombeau de ſes prédéceſſeurs (*i*).

Il avoit épouſé, vers l'an 1460, JEANNE de Wambourg,

(*a*) Arch. de Grouches.

(*b*) *Ibid.*

(*c*) *Ibid.*

(*d*) *Ibid.*

(*e*) *Ibid.*

(*f*) *Ibid.*

(*g*) *Ibid.*

(*h*) *Ibid.*

Dame Chaſtelaine d'Arras & de Beaurains, fille & héritière de *Jean* de Wambourg, Seigneur de Wambourg, Chaſtelain d'Arras, & de *Péronne* de Miraumont, fille de *Guy* de Miraumont, Seigneur de Miraumont & de Hermanville, & de *Marie* de Saint-Fuſcien ; & petite-fille de *Nicaiſe* de Wambourg, Seigneur de Wambourg, & de *Jeanne* de Baudart. Elle mourut avant le 30 Janvier que l'on diſoit encore 1488, ſuivant le Contrat de Mariage de ſon fils aîné, où elle eſt rappellée avec ſon mari (*a*); & laiſſa pour enfans :

(*a*) Arch. de Grouches.

1 JACQUES DE GROUCHES, Seigneur de Grouches & de Gribauval, qui ſuit.

2 HUBERT DE GROUCHES, Grand-Doyen d'Amiens, & Evêque d'Ebron.

3 JEANNE DE GROUCHES, fut mariée 1°, par Contrat fait en préſence de ſon pere, le 3 Septembre 1489 (*b*) à LOUIS de Rond, Ecuyer, Seigneur de Brevillers & de Tanqueux en Brie; lequel, conformément à ce traité, fit une renonciation, par Acte du 14 Octobre ſuivant, à la ſucceſſion de *Hubert* de Grouches, ſon beau-pere (*c*). Elle en étoit veuve, & remariée 2° à AMÉ des Maretz, Chevalier, l'un des cent Gentilshommes de la Maiſon du Roi, le 26 Août 1511, que *Jacques* de Grouches, ſon frere, reconnut lui devoir 100 liv. de rente (*d*). Elle plaidoit encore, étant veuve de ſon ſecond mari, au ſujet de cette rente, contre *Jacques* de Scepeaux, Ecuyer, *Jeanne* de Rubempré, ſa femme, auparavant femme du même *Jacques* de Grouches, & *François* de Grouches, Seigneur de Grouches & de Gribauval, ſon neveu, le 9 Janvier 1527, qu'il intervint Sentence entre eux, au Bailliage de Valois, qui condamna ce dernier à lui payer

(*b*) *Ibid.*

(*c*) *Ibid.*

(*d*) *Ibid.*

de Grouches-de-Chepy. 11

cette rente, qu'elle reclamoit, en vertu de son premier Contrat de Mariage avec LOUIS de Rond (*a*). Elle mourut avant l'an 1541, laissant de son premier mariage : *(a)* Archiv. de Grouches.

1 JEAN de Rond, Seigneur de Brevilliers, qui, par acte du 2 Octobre 1555, où il se dit fils de LOUIS de Rond, & de JEANNE de Grouches, fit don à *François* de Grouches, Seigneur de Gribauval, son cousin-germain, de tous les droits qui pouvoient lui appartenir, dans les successions de défunt *François* de Framezelles, Ecuyer, & de défunte *Marie* de Grouches, femme en dernières nôces de feu Guy de Mesgut, Chevalier, cousine-germaine de *Jeanne* de Grouches, mere de LOUIS de Rond, donateur, & ayeule maternelle du même *François* de Framezelles (*b*). *(c)* Ibid.

Elle eut aussi de son second mari :

1 MARGUERITE des Maretz, qui vivoit mariée à CHARLES de Culant, Ecuyer, Seigneur de Busserolles, le 7 Avril 1540, qu'ils transigèrent, au sujet de 100 liv. assignées sur les biens de *François* de Grouches, Seigneur de Gribauval, à défunte *Jeanne* de Grouches, mere de MARGUERITE des Maretz (*c*) : *(b)* Ibid. & CHARLES de Culant, fut encore remboursé, par acte du 26 Août 1541, par le même *François* de Grouches, son cousin, de 20 liv. de rente, à prendre sur le Fief de Bourcantin, à Grouches, qu'il avoit acquises de défunts *Amé* des Maretz, & *Jeanne* de Grouches, pere & mere de sa femme (*d*). *(d)* Ibid.

B ij

VII.

RUBEMPRÉ.
D'argent à trois jumelles de gueules.

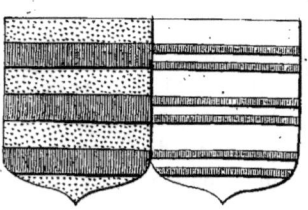

JACQUES DE GROUCHES, Chevalier, Seigneur de Grouches, de Gribauval, des Chaftelenies d'Arras & de Beaurains, de Morcourt, du Luat, de Bourcantin, des Autelliers, des Grofelliers, de Joigny, Chaumont, Lergny, Marnoue, Cheny, de Souffy en Valois, des Bordes, &c. afferma fa Terre de Grouches, par acte du 8 Juillet 1501 (*a*); & tranfigea avec *Jeanne* de Grouches, fa fœur, femme d'*Amé* des Maretz, à laquelle il donna 100 liv. de rente, par autre acte du 26 Août 1511 (*b*). Il ftipula au mariage d'*Adrienne* de Grouches, fa fille, contracté avec *Louis* de Renty, Chevalier, le 30 Septembre 1512 (*c*); mourut avant l'an 1522; & fut enterré au Luat, où il avoit ordonné fa fépulture (*d*).

(*a*) Archiv. de Grouches.

(*b*) Ibid.

(*c*) Ibid.
(*d*) Ibid.

Il avoit époufé, par contrat fait en préfence de fon pere, le 30 Janvier que l'on comptoit encore 1488 (*e*), JEANNE de Rubempré, Dame de Louvencourt, de Vauchelles, de Harponville, de Penin, de Maigneux, de Vaux, &c. fille unique & héritière de *Edmond* de Rubempré, Chevalier, Seigneur des mêmes Terres & Seigneuries, & d'*Antonie* de Beauval, fille de *Jean* de Beauval, Seigneur d'Occoch, & de *Jeanne* du Bois. JEANNE de Rubempré avoit pour trifayeule

(*e*) Ibid.

paternelle, *Marie-Anne* de Coucy, petite-fille de *Marie* de Bretagne, fille de JEAN II, Duc de Bretagne. Elle étoit veuve en 1521 & 1522, que *François* de Grouches, Seigneur de Gribauval, son fils aîné, lui donna plusieurs procurations, pour la régie de ses biens (a); & elle se remaria, en 1525, à JACQUES de Scepeaux, Ecuyer, Seigneur de Breuil. Elle & son second mari firent partage, avec le même *François* de Grouches, par acte du 24 Novembre 1527 (b), des biens de JACQUES de Grouches, premier mari de JEANNE de Rubempré, à qui il en revenoit moitié : & JACQUES de Scepeaux & Elle, avec *François* de Grouches, Seigneur de Gribauval, son fils, plaidoient encore au Bailliage de Valois, où il intervint Sentence entre eux, le 9 Janvier suivant, que l'on disoit encore 1527 (c), au sujet d'une rente de 100 liv. due à *Jeanne* de Grouches, tante du même *François* de Grouches, qui fut condamné à la lui payer. JEANNE de Rubempré fit son Testament, le 3 Novembre 1531 (d), par lequel elle fit des dispositions en faveur de ses enfans ; voulut que le Contrat de Mariage, fait le 9 Février 1529, entre *Louis* de Bacles, Ecuyer, & *Françoise* de Grouches, sa fille, eut sa pleine exécution ; & nomma pour Exécuteurs Testamentaires *Louis* de Renty, Seigneur de Curlu, & le même *Louis* de Bacles, Seigneur de Bray ses gendres ; & elle mourut avant le 7 Février 1532, qu'il intervint Sentence, entre JACQUES de Scepeaux, son second mari, & *François* de Grouches, son fils aîné (e). Il est dit, dans cette Sentence, que défunte JEANNE de Rubempré s'étoit remariée à JACQUES de Scepeaux, depuis sept ans, ou environ.

(a) Archiv. de Grouches.

(b) *Ibid.*

(c) *Ibid.*

(d) *Ibid.*

(e) *Ibid.*

Elle eut de son premier mariage :

1 FRANÇOIS DE GROUCHES, Seigneur de Grouches & de Gribauval, qui suit.

2 NICOLAS DE GROUCHES, Seigneur de Morcourt, qui fera rapporté avec fa Poſtérité, au §. I.

3 ADRIENNE DE GROUCHES, Dame de Gribauval, de Vaucelles, de Wachin, &c. fut mariée, par Contrat du 30 Septembre 1512 (*a*), à LOUIS de Renty, Chevalier, Seigneur d'Embry, de Curlu, &c. fils d'*Oudart* de Renty, Chevalier, Seigneur des mêmes Terres, & de *Bonne* de Sainte-Aldegonde. Il fut fait l'un des Exécuteurs du Teſtament de JEANNE de Rubempré, ſa belle-mere, du 3 Novembre 1531 (*b*); & tranſigea pour les droits de ſa femme, en vertu de ſon Contrat de Mariage, le 15 Mars 1532, avec *François* de Grouches, Seigneur de Gribauval, ſon beau-frere, qui lui aſſigna certaine rente ſur ſes biens (*c*).

ADRIENNE DE GROUCHES mourut le 9 Juin 1533; & LOUIS de Renty, ſon mari, le 18 Mai 1539 (*d*). Ils ſont tous deux enterrés à Saint-Omer, en l'Egliſe Paroiſſiale de Sainte Aldegonde, où l'on voit leurs tombeaux de marbre, avec leurs armes en relief. Leur illuſtre deſcendance eſt inſérée au Tableau Généalogique de la Maiſon de Grouches.

4 MARGUERITE DE GROUCHES fut mariée à PHILIPPE de Humblieres, Ecuyer, Seigneur de Malvoiſine, près Breteuil, fils d'*Enguerrand* de Humblieres, Ecuyer, Seigneur de Malvoiſine, & de *Marguerite* du Moulin. Ils eurent entre autres enfans:

> 1 FRANÇOIS de Humblieres, Ecuyer, Seigneur de Malvoiſine, &c. qui laiſſa poſtérité de MARIE d'Amerval, ſa femme.

(*a*) Archiv. de Grouches.

(*b*) *Ibid.*

(*c*) *Ibid.*

(*d*) *Ibid.*

de Grouches-de-Chépy. 15

5 FRANÇOISE DE GROUCHES fut mariée, par Contrat du 29 Février que l'on comptoit encore 1529, à LOUIS de Bacles, Ecuyer, Seigneur de Bray ; & *Jeanne* de Rubempré, mere de FRANÇOISE de Grouches, ordonna, par son Testament du 3 Novembre 1531, que ce traité de mariage eut sa pleine & entière exécution (*a*).

(*a*) Archives de Grouches.

6 BARBE DE GROUCHES, Religieuse en l'Abbaye de Saint Louis & Sainte Claire, à Nogent-l'Artault, n'étoit encore que Novice, le 25 Février 1528, que *François* de Grouches, Seigneur de Gribauval, son frere aîné, & *Jeanne* de Rubempré, leur mere, s'obligerent pour sa dot, qu'ils ratifierent, lorsqu'elle fut Professe, envers *Jeanne* d'Isques, Abbesse de ce Monastère, par acte du 24 Septembre 1529 (*b*).

(*b*) *Ibid.*

Fille naturelle de JACQUES *de Grouches, Seigneur de Gribauval.*

JEANNE, *Bâtarde de Gribauval*, étoit mariée à VALERAN de Mons, le 22 Mars 1538, que *François* de Grouches, Seigneur de Gribauval son frere naturel, leur constitua 24 liv. de rente viagère, sur la Seigneurie de Grouches (*c*).

(*c*) *Ibid.*

VIII.

MONTENAY.
D'or à deux fasces d'azur, accompagnées de huit coquilles de gueules, en orle.

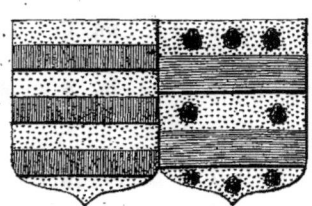

FRANÇOIS DE GROUCHES, Chevalier, Seigneur de Grouches, de Gribauval, de Morcourt, du Luat, de Louvencourt, de Vaulmoise, &c. étoit *Homme d'armes de la Compagnie de M. de Vendôme*, en 1521, & 1522, qu'étant employé à la guerre, il donna plusieurs procurations à *Jeanne* de Rubempré, sa mere, veuve de *Jacques* de Grouches, pour l'administration de ses biens (a); fit partage avec Elle, & *Jacques* de Scepeaux, Ecuyer, son second mari, des biens du même *Jacques* de Grouches, Seigneur de Gribauval, son pere, par acte du 24 Novembre 1527 (b); & ils plaidoient conjointement, au Bailliage de Valois, le 9 Janvier suivant, que l'on disoit encore 1527, où il intervint Sentence qui condamna *François* de Grouches, comme héritier de *Hubert* de Grouches, son ayeul, à payer à *Jeanne* de Grouches, sa tante, 100 liv. de rente qu'elle prétendoit, en vertu de son Contrat de Mariage avec *Louis* de Rond, Ecuyer, Seigneur de Brevillers, son premier mari (c). Il s'obligea pour la dot de *Barbe* de Grouches, sa sœur, Religieuse Novice à Nogent-l'Artault, par acte du 25 Février 1528, fait avec *Jeanne* de Rubempré, leur mere (d), & le ratifia, par autre acte du 24 Septembre 1529 (e). Il fut fait héritier, par le Testament de *Jeanne* de Rubempré, sa mere,

(a) Archives de Grouches.

(b) Ibid.

(c) Ibid.

(d) Ibid.
(e) Ibid.

du

du 3 Novembre 1531 (a): plaidoit avec *Jacques* de Scepeaux, second mari de celle-ci, le 7 Février 1532, qu'il intervint Sentence entre eux (b); & transigea le 15 Mars suivant, comme fils aîné & héritier de *Jacques* de Grouches, & de *Jeanne* de Rubempré, avec *Louis* de Renty, Seigneur de Curlu, son beau-frere, au sujet des droits d'*Adrienne* de Grouches, sa sœur, femme de ce dernier (c). GEORGETTE de Montenay, sa femme, lui donna pouvoir, le 3 Janvier 1538, de transiger aussi, pour ses droits, en la succession de ses pere & mere (d); & il constitua, par acte du 22 Mars suivant, 24 liv. de rente, sur sa Seigneurie de Grouches, à *Valeran* de Mons, mari de *Jeanne*, bâtarde de Gribauval (e). Il acheta, comme fils & héritier de *Jacques* de Grouches, par acte du 26 Août 1541, 20 l. de rente assignées par ce dernier, sur le fief de Bourquentin à Grouches, à *Amé* des Maretz, Chevalier, & *Jeanne* de Grouches sa femme, & que *Charles* de Culant, Seigneur de Bufferolles avoit acquises de ceux-ci (f); & fit partage le 15 Septembre 1545, avec *Nicolas* de Grouches, Seigneur de Morcourt, son frere puîné, des biens de leurs pere & mere (g). *Geoffroy* de Lanvin, Seigneur de Blerencourt, Abbé Commendataire de l'Abbaye de N. D. de Tenailles, comme héritier de *Claude* de Lanvin, son frere, Ecuyer, Seigneur de Blerencourt, obtint Sentence aux Requêtes du Palais, le 10 Avril 1554, qui condamna *François* de Grouches, Seigneur de Gribauval, & *Marguerite* de Grouches, sa fille, veuve du même *Claude* de Lanvin, à payer 4000 liv. tournois, en vertu du Contrat de Mariage de ce dernier, au même *Geoffroy* de Lanvin (h). *Jean* de Rond, Seigneur de Brevillers, son cousin-germain, fils de *Louis* de Rond, Ecuyer, & de *Jeanne* de Grouches, lui fit don, par acte du 2 Octobre 1555, de tous les droits qui pouvoient lui appartenir, à cause de sa mere, dans la succession de *François* de Framezelles, Ecuyer, petit-fils de *Marie* de Grouches, cousine-germaine de la même *Jeanne* de Grouches (i); & par acte

(a) Archives de Grouches.
(b) Ibid.
(c) Ibid.
(d) Ibid.
(e) Ibid.
(f) Ibid.
(g) Ibid.
(h) Ibid.
(i) Ibid.

du 21 Septembre 1556, il fit ceſſion d'une certaine ſomme à *Valeran* d'Eſpinay, Seigneur de Saint-Luc, ſon gendre (a). Il tranſigea auſſi le 25 Janvier que l'on diſoit encore 1556, au ſujet d'une ſomme de 8777 liv. qu'il s'obligea de payer à *Jean* Luillier, Seigneur de Boullencourt & de Preſles, Préſident en la Chambre des Comptes de Paris, & *Renée* Nicolaï ſa femme, auparavant femme de *Dreux* Hennequin, premier Préſident en la même Chambre des Comptes; tranſaction qui fut ratifiée le 21 Février ſuivant, par *Georgette* de Montenay, ſa femme (b). Il ſtipula avec Elle, au Contrat de Mariage de *Henry* de Grouches, leur fils, le 10 Mai 1557 (c); & obtint Sentence du Bailli de Clermont en Beauvoiſis, le 14 Mai ſuivant, qui, en vertu des Lettres-Patentes du Roi, du 6 du même mois, l'exempta du ban, & arrière-ban, pour raiſon de ſon fief de Couſtance (d). Il fit ſon Teſtament, le 7 Septembre 1558 (e); mourut peu après; & fut inhumé au Luat, au tombeau de ſes ancêtres.

Il avoit épouſé, vers l'an 1525, GEORGETTE de Montenay, fille de *Philippe* de Montenay, Seigneur, Baron de Garencières, de Baudemont, &c. & de *Marguerite* Avyn, & petite-fille de *Jean* de Montenay, Seigneur de Montenay, Chevalier, & d'*Antoinette* d'Argenton. Elle deſcendoit par ſes Ayeuls paternels & maternels, de LOUIS VII, Roi de France; de *Marie*, Comteſſe de Ponthieu; de la Maiſon de Lezignem; des Comtes d'Angoulême; des Rois de Caſtille & de Léon; & de *Henri II*, Roi d'Angleterre. Elle eſt nommée, avec ſon mari, dans la tranſaction qu'il fit le 15 Mars 1532, avec *Louis* de Renty, Seigneur de Curlu (f); lui donna procuration le 3 Janvier 1538, pour tranſiger auſſi à l'occaſion de ſes droits, en la ſucceſſion de ſes pere & mere (g); ratifia le 21 Février 1556, la tranſaction qu'il avoit faite, le 25 Janvier précédent, avec *Jean* Luillier, Seigneur de Boullencourt & de Preſles (h); & fit ſon Teſtament, étant veuve de lui, le 5 Avril 1559, par lequel elle ordonna

(a) Archives de Grouches.

(b) Ibid.

(c) Ibid.

(d) Ibid.

(e) Ibid.

(f) Ibid.

(g) Ibid.

(h) Ibid.

sa sépulture au Luat, près le tombeau de son mari; fit quelques fondations pieuses & autres dispositions (a); (a) Archiv. de Grouches.

Elle laissa de son mariage:

1 HENRI DE GROUCHES, Seigneur de Grouches & de Gribauval, qui suit.

2 MARGUERITE DE GROUCHES, fut mariée 1°, par contrat du 5 Février 1547 (b), avec CLAUDE de Lanvin, Ecuyer, Seigneur de Blerencourt, Capitaine & Gouverneur des Ville & Château d'Ardres, & du Comté de Guines, Ecuyer d'Ecurie de la Maison du Roi, fils de *Guillaume* de Lanvin, Ecuyer, Seigneur de Blerencourt, & de *Jeanne* Sanguin. Il fit une procuration, à cause de sa femme, le 10 Mars 1549 (c); & mourut peu de temps après, sans enfans. MARGUERITE de Grouches, sa veuve, fut mariée 2°, par contrat du 1er Mai 1553 (d) à VALERAN d'Espinay, dit des Hayes, Chevalier, Seigneur de Saint-Luc, de Buzencourt, de Touvoye, du Mesnil, d'Aluy, du Mont-des-Marquets, de la Charmoye, &c. Gentilhomme ordinaire de la Chambre du Roi, Ecuyer d'Ecurie ordinaire de Sa Majesté, Guidon de la Compagnie des Gensdarmes de M. le Duc de Guise, & Capitaine de Louviers; fils de *Robert* d'Espinay, dit des Hayes, Seigneur de Saint-Luc, &c. & de *Jeanne* de Sains. Par Sentence des Requêtes du Palais, du 10 Avril 1554, VALERAN d'Espinay fut condamné, à cause de sa femme, avec *François* de Grouches, Seigneur de Gribauval, son beau-pere, à payer à *Geoffroy* de Lanvin, Abbé Commendataire de N. D. de Thenaille, comme frere & héritier de CLAUDE de Lanvin, premier mari de MARGUERITE de Grouches, les droits résultans du Contrat de Mariage

(b) Ibid.

(c) Ibid.

(d) Ibid.

de ce dernier (a). Il tranfigea auffi, par acte du 21 Septembre 1556, avec le même *François* de Grouches, fon beaupere, qui lui fit ceffion d'une certaine fomme (b); & il étoit mort, avant le 27 Octobre 1558, que MARGUERITE de Grouches s'en dit veuve, dans le Procès-verbal d'Inventaire qui fut fait alors, après la mort de *François* de Grouches, Seigneur de Gribauval, fon pere (c); ainfi que dans une Commiffion du Prevôt de Paris, obtenue par Elle, & *Henri* de Grouches, fon frere, le premier Février fuivant, que l'on difoit encore 1558, au fujet du recouvrement de certains biens (d). Elle fut nommée, avec le même *Henri* de Grouches, Exécutrice du Teftament de *Georgette* de Montenay, leur mere, du 5 Avril 1559 (e); fit elle-même fon Teftament le 24 Juillet fuivant, par lequel, entre autres difpofitions, Elle ordonna fa fépulture en l'Eglife Paroiffiale de Saint-Luc (f). Elle mourut peu de temps après, laiffant de fon fecond mariage :

1 FRANÇOIS d'Efpinay, Seigneur de Saint-Luc, Baron de Crevecœur, Chaftelain Pair de Cambrefis, Seigneur d'Arvert & de Gaillefontaine, Chevalier des deux Ordres du Roi, Confeiller en fes Confeils d'Etat & Privé, Capitaine de cent hommes d'armes des Ordonnances de Sa Majefté, Gouverneur & Lieutenant Général en Bretagne, Grand Maître de l'Artillerie de France, qui, fuivant une Sentence des Requêtes du Palais, du 21 Août 1560 (g); & une autre Sentence du Châtelet de Paris, obtenue le 11 Janvier fuivant, encore 1560 (h), étoit alors fous la tutelle & curatelle de *Henry* de Grouches, Seigneur de Gribauval, fon oncle. Il fut tué au fiege d'Amiens, le 5 Septembre 1597, ayant été marié à *Jeanne*

(a) Archiv. de Grouches.

(b) Ibid.

(c) Ibid.

(d) Ibid.

(e) Ibid.

(f) Ibid.

(g) Ibid.

(h) Ibid.

de Coſſé, fille de *Charles* de Coſſé ; Comte de Briſſac, Maréchal de France *(a)*. Leur poſtérité illuſtre ſe voit au Tableau Généalogique de la Maiſon de Grouches.

(a) Hiſt. des gr. Off. de la Couron. tom. 4. p. 523. B.

IX.

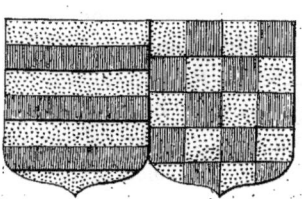

DE GIRARD.
Echiqueté d'or & de gueules.

HENRY DE GROUCHES, Chevalier Seigneur de Grouches, de Gribauval, du Luat, de Vaulmoiſe, de Villers-ſous-Long-Pont, de Louvencourt, de Bertrancourt, des Bordes, de Gigny, de Chaumont, du Pleſſis, de Bouillency, de Rée, de Foſſemartin, de Chantemerle, Villers-ſur-Orge, du Perrez, de Couſtance, &c. Guidon des Genſdarmes de la Compagnie de M. de Sanſſac, Gentilhomme de la Chambre du Roi de Navarre, Chevalier de l'Ordre du Roi HENRY II, fit procéder le 27 Octobre 1558, à un inventaire, après le décès de *François* de Grouches, Seigneur de Gribauval, ſon pere *(b)* ; & obtint, avec *Marguerite* de Grouches, ſa ſœur, veuve du Seigneur de Saint-Luc, une Commiſſion du Prévôt de Paris, le 1er Février ſuivant, que l'on comptoit encore 1558, afin de faire ajourner, au Châtelet de Paris, *Jacques* Chapelain, *Antoine* Richomme, Commis au regime des héritages Seigneuries & fruits ſaiſis, à la Requête de défunt *François*

(b) Arch. de Grouches.

de Grouches, leur pere, comme héritier, à caufe de fa femme, leur mere, de *Jean* Hennequin, fur *Charles* de Beaumanoir, Seigneur d'Antoing, Baron de Lavardin, pour qu'ils euffent à rendre compte de leur adminiftration (a). Il fut chargé de l'exécution du Teftament de *Georgette* de Montenay, fa mere, du 5 Avril 1559 (b); ainfi que de celui de *Marguerite*, de Grouches, fa fœur, du 24 Juillet fuivant (c); & obtint en fon nom, & comme tuteur de *François* d'Efpinay fon neveu, fils de celle-ci, une Sentence aux Requêtes du Palais, le 21 Août 1560 (d), & une autre Sentence au Châtelet de Paris, le 11 Janvier fuivant, encore 1560, touchant 200 liv. de rente fur la Seigneurie de Lavardin, qui leur étoient dues par *Charles* de Beaumanoir, Baron de Lavardin (e). Il prit le titre de *Guidon de la Compagnie de M. de Sanffac*, Gentilhomme de la Chambre du Roi de Navarre, dans l'obligation qu'il fit le 9 Octobre 1562, à *Louis* Petit, Fourrier de cette Compagnie, de la fomme de 55 écus fol, d'argent prêté (f); écrivit au Tréforier de cette Compagnie, le 25 Mars fuivant, que l'on difoit encore 1562, pour le prier de prêter quelque argent, fous fa garantie, au fieur Defeffart, Gentilhomme, l'un des Archers de cette Compagnie, pour acheter des piftolets; & le 30 du même mois ce Gentilhomme fit en effet, au dos de cette lettre, une obligation de dix écus, au même Tréforier (g). Il donna auffi quittance le 15 Septembre 1563, étant encore *Enfeigne de la Compagnie de M. de Sanffac*, à *Louis* Petit, Fourrier de cette Compagnie, de la fomme de 35 liv. tournois, à compte de ce qu'il lui devoit (h); & s'obligea, le 20 Novembre fuivant, *fous le même titre*, pour la fomme de 40 liv. Parifis, envers *Jean* Naveau, qui lui avoit fourni fes équipemens de velours (i). Il avoit tranfigé avec *Charles* Pouffard, Chevalier, Seigneur des Fors, & *Baudouin*, Seigneur de Goulaines, à caufe de leurs femmes, toutes

(a) Arch. de Grouches.

(b) Ibid.

(c) Ibid.

(d) Ibid.

(e) Ibid.

(f) Ibid.

(g) Ibid.

(h) Ibid.

(i) Ibid.

de Grouches-de-Chepy. 23

trois sœurs, touchant leurs droits respectifs, par acte du 29 Avril de la même année 1563 (*a*) ; & ils donnerent aussi tous trois, le 19 Avril 1564, au même sujet, une procuration à *Valentine* Lorfevre, Dame de Cramoyeau, leur belle-mere (*b*). Il est encore revêtu du titre d'*Enseigne de la Compagnie de M. de Sansfac*, dans la Sentence du Lieutenant Général du Duché de Valois, rendue le 5 Juin 1565, entre lui & *Nicolas* de Grouches, Seigneur de Morcourt, l'un des cent Gentilhommes de la Maison du Roi, son frere, & qui le condamna à payer à ce dernier, 120 liv. de rente, assignées sur la Terre de Grouches, suivant le partage fait entr'eux (*c*) ; & il donna pouvoir le 2 Janvier suivant, à *Charles* Viel, de payer en son nom, au même *Nicolas* de Grouches, la somme de 1000 liv., pour s'acquitter de cette rente (*d*). Il mourut, à la fleur de son âge, avant le 20 Août 1566.

(*a*) Arch. de Grouches.

(*b*) Ibid.

(*c*) Ibid.

(*d*) Ibid.

Il avoit épousé, par contrat du 10 Mai 1557, fait en présence de ses pere & mere, CLAUDE de Girard, Dame de Cramoyeau en Brie, fille de *Jean* de Girard, Seigneur de Basoges, la Guignardiere, &c. Pannetier ordinaire du Roi, d'une ancienne Maison du Poitou, & de *Valentine* Lorfevre, Dame de Cramoyeau (*e*). CLAUDE de Girard avoit pour ayeule paternelle, *Jacquette* de Puy-du-Fou, issue par les Maisons de Thouars, de Parthenay, d'Amboise, de Luzignem, & de Brienne, de LOUIS VII, Roi de France, des Comtes de Ponthieu & d'Angoulême, & des Rois d'Angleterre & de Castille. Elle se dit femme d'HENRY de Grouches, Seigneur de Gribauval, dans l'Obligation qu'elle fit le 21 Septembre 1563, à *Jean* Boullenger, Marchand à Paris, qui lui avoit vendu des draps de soye, pour la somme de 121 liv. tournois (*f*) ; & obtint, étant veuve, la tutelle de ses enfans, par Sentence du Juge de Vallois, du 20 Août 1566, & par

(*e*) Ibid.

(*f*) Ibid.

Acte du 26 du même mois (a). Elle fit un échange, en cette qualité, le 2 Avril 1571 (b) : & Charles Anthonis, Seigneur de Barrou, Conseiller en la Cour des Aydes, lui donna encore quittance, comme tutrice de ses enfans, le 19 Décembre suivant (c). Elle fit son Testament le 23 Octobre 1572, par lequel elle fit don à *Robert* de Grouches, son fils, de la vaisselle d'argent que lui avoit donnée *Valentine* Luillier, Dame Douairiere d'Ermenonville, son ayeule, voulant qu'elle passât d'aîné en aîné ; pria *Valentine* Lorfevre, sa mere, d'avoir soin de *Marie* & *Magdélene* de Grouches, ses filles, & la nomma exécutrice de son Testament, avec *Nicolas* de Grouches, Chevalier de l'Ordre du Roi, l'un des cent Gentilhommes de la Maison de Sa Majesté, Seigneur de Morcourt, grand-oncle de ses enfans (d). Elle mourut avant le 15 Janvier 1575, que ceux-ci étoient sous la tutelle de *Valentine* Lorfevre, Dame de Bazoges & de Cramoyeau, leur ayeule maternelle (e).

(a) Arch. de Grouches.
(b) Ibid.
(c) Ibid.
(d) Ibid.
(e) Ibid.

Elle laissa de son mariage :

1. ROBERT DE GROUCHES, IIe du nom, Seigneur de Grouches & de Gribauval, qui suit.

2. MARIE DE GROUCHES, Dame du Plessis-Bouilleux, Reez, Poix, & Fossemartin, par partage avec ses freres & sœurs, étoit âgée de six à sept ans, le 20 Août 1566, que le Juge de Valois rendit Sentence, touchant sa tutelle (f). Elle est nommée avec sa sœur, dans le Testament de *Claude* de Girard, leur mere, du 23 Octobre 1572 (g); étoit, en 1575, sous la tutelle de *Valentine* Lorfevre, son ayeule maternelle (h); & fut mariée, 1°, par Contrat du 6 Juillet 1576, fait en présence de *Robert* de Grouches, son frere, & de

(f) Ibid.
(g) Ibid.
(h) Ibid.

Nicolas

Nicolas de Grouches, Seigneur de Morcourt, Chevalier de l'Ordre du Roi, son grand-oncle, à FRANÇOIS de Paillart, Chevalier, Seigneur de Chocqueufe, de Bonvilliers, &c. Gentilhomme ordinaire du Roi, & du Roi de Navarre, fils aîné de *Jean* de Paillart, Chevalier de l'Ordre du Roi, Gentilhomme ordinaire de sa Chambre, Gouverneur de Beauvais & Beauvoisis, Seigneur de Chocqueufe, Bonvilliers, Foucaucourt, &c. & de *Jeanne* de Ravenel; & frere de *Charlotte* de Paillart, femme de *François* de Grouches, Seigneur de Bacouel, qui assista aussi à ce traité de mariage (a). *Valentine* Lorfévre procéda encore, en qualité de Tutrice de *Marie* de Grouches, au partage de ses droits, comme fille & héritière de *Claude* de Girard, avec *Charles* Poussart, Chevalier, Seigneur de Fors, Pannetier ordinaire du Roi, & *Marguerite* de Girard, sa femme, sœur de *Claude* de Girard, par acte du 7 Septembre de la même année 1576 (b); & FRANÇOIS de Paillart, son mari, & son Curateur nommé par Justice, ainsi que de *Robert* & de *Madélene* de Grouches, ses frere & sœur, transigea, en cette qualité, le 21 Janvier 1579, pour raison d'un Contrat de Constitution, avec *Pierre* Monet, Conseiller du Roi, Général de sa Cour des Monnoies (c). Il fit aussi partage avec les frere & sœur de sa femme, des biens de leurs pere & mere, par acte du 21 Septembre 1585 (d): assista le 17 Février 1586, au Contrat de Mariage de *Robert* de Grouches, Seigneur de Grouches, & de Gribauval, son beau-frere (e); & déclara encore, avec les frere & sœur de sa femme, par acte du 21 Février 1587, avoir retiré des mains de *Nicolas* le Viel, tous les titres & papiers relatifs aux biens & Seigneuries de la succession de *Henri* de Grouches, Seigneur de Gribauval, son beau-pere (f). Il étoit mort sans enfans, en 1594, que, le 3 Octobre, MARIE de Grouches,

(a) Arch. de Grouches.

(b) *Ibid.*

(c) *Ibid.*

(d) *Ibid.*

(e) *Ibid.*

(f) *Ibid.*

D

Généalogie de la Maison

sa veuve, transigea avec ses frere & sœur, au sujet du partage des biens de *Jean* de Girard, Seigneur de Bazoges, & de *Valentine* Lorfévre, sa femme, leurs ayeuls maternels (a): & il intervint encore, entre eux, à cette occasion, une Sentence aux Requêtes du Palais, le 14 Août 1598 (b).

Elle fut mariée 2º à JOSIAS de Montmorency, Chevalier, Seigneur de Bours & de Guéchart, Capitaine au Régiment des Gardes du Roi, fils de *Jean* de Montmorency, Chevalier, Seigneur de Bours, de Guéchart, de Villeroye, &c. & de *Bernarde* Gaillard-de-Longjumeau. Il survécut sa femme, dont il étoit parent du 5me au 6me degré, comme descendu de *Jean* de Bayencourt, Seigneur de Bayencourt, de Bouchavannes, &c. & de *Philippe* de Grouches, sa femme, mentionnés ci-devant, bisayeuls de *Michelle* de Bayencourt, femme de *Gabriel* de Montmorency, Seigneur de Bours, ayeuls de JOSIAS de Montmorency; lequel se remaria à *Louise* Hotman, veuve de *Catherin* d'Aumale, Chevalier, Seigneur de Nancel, Lieutenant des cent Suisses de la Garde du Roi; & mourut le 20 Juillet 1616; laissant de MARIE de Grouches, sa première femme (c).

1. JEAN de Montmorency, Seigneur de Bours, qui, à l'âge de 14 ans, étoit Enseigne de la Compagnie de son pere; après la mort duquel il fut sous la tutelle de *Pierre* de Montmorency, Seigneur d'Acquest, son oncle, & d'*Oudart* de Fontaines, Seigneur d'Esturgeul, mari de *Michelle* de Montmorency, sa tante. Il fut noyé par accident, en l'an 1622, avant l'accomplissement de son mariage avec *Louise* d'Aumale, fille de *Catherin* d'Aumale, Seigneur de Nancel, dont son pere avoit épousé la veuve (d).

(a) Archiv. de Grouches.

(b) *Ibid.*

(c) Hist. des gr. Off. de la Couron. Tom. 3. p. 615.

(d) *Ibid.*

de Grouches-de-Chepy.

3 MADELENE DE GROUCHES, étoit âgée de quatre à cinq ans, lors de la Sentence rendue pour sa Tutelle, le 20 Août 1566 (*a*); est rappellée avec *Robert* & *Marie* de Grouches, ses frere & sœur, dans le Testament de *Claude* de Girard, leur mere, du 23 Octobre 1572 (*b*); étoit aussi avec eux, sous la tutelle de *Valentine* Lorfévre, leur ayeule, le 15 Janvier 1575 (*c*), & lors du partage fait, en leur nom, par celle-ci, le 7 Septembre 1576 (*d*), & encore sous la curatelle de *François* de Paillart, son beaufrere, qui transigea pour leur intérêt commun, le 21 Janvier 1579 (*e*). Elle fut mariée, par contrat du 27 Janvier 1583, à LOUIS de Mornay, Seigneur de Villarceaux, de Chauny, d'Omerville, de Reuilly, &c. Lieutenant de 50 hommes d'armes des Ordonnances du Roi, fait Capitaine de 30 Lances des Ordonnances de Sa Majesté, par Lettres du 22 Janvier 1594, fils de *Nicolas* de Mornay, Seigneur de Villarceaux, d'Ambleville, &c. Bailli & Gouverneur du Duché de Berry, Chevalier de l'Ordre du Roi, Gentilhomme de la Chambre de Sa Majesté, & d'*Anne* Luillier, Dame de Guerard, en Brie, fille d'honneur de la Reine CATHERINE de Médicis (*f*). Il fit partage, avec les frere & sœur de sa femme, & à cause d'Elle, des biens de leurs pere & mere, par acte du 21 Septembre 1585 (*g*); assista au mariage de *Robert* de Grouches, Seigneur de Grouches & de Gribauval, son beau-frere, contracté avec *Anne* de la Riviere, le 17 Février 1586 (*h*): déclara aussi, à cause de sa femme, & avec ses frere & sœur, par acte du 21 Février 1587, avoir retiré des mains de *Nicolas* le Viel, tous les papiers concernans la succession de *Henri* de Grouches, son beau-pere (*i*); & fit un nouveau partage avec eux, des biens de *Jean* de Girard, Seigneur de Bazoges, & de *Valentine* Lorfévre, leurs ayeuls maternels, par autre acte du 3 Octobre 1594 (*k*); à l'occasion

(*a*) Archiv. de Grouches.

(*b*) *Ibid.*

(*c*) *Ibid.*

(*d*) *Ibid.*

(*e*) *Ibid.*

(*f*) Hist. des gr. Off. de la Couron. Tom. VI. pag. 291. & 292.

(*g*) Archives de Grouches.

(*h*) *Ibid.*

(*i*) *Ibid.*

(*k*) *Ibid.*

D ij

Généalogie de la Maison

duquel partage il intervint encore Sentence entre eux, aux Requêtes du Palais, le 14 Août 1598 (a). Il avoit servi le Roi HENRI IV au siège d'Amiens; & en d'autres occasions importantes; mourut le 6 Janvier 1618; & fut enterré à Villarceaux (b). MADELENE de Grouches sa femme, le survécut; mourut le 24 Mars 1629, & fut aussi inhumée à Villarceaux, auprès de son mari (c).

(a) Arch. de Grouches.

(b) Hist. des gr. Off. de la Cour. Tom. VI. pag. 292.

(c) *Ibid.*

Ils laissèrent entre autres enfans de leur mariage:

1 PIERRE de Mornay, Seigneur de Villarceaux, d'Omerville, de Reuilly, &c. Colonel du Régiment de Villarceaux, en 1620, qui fut assassiné en 1624.

Il avoit épousé, par contrat du 16 Avril 1616, ANNE Olivier-de-Leuville, fille de *Jean* Olivier, Seigneur de Leuville, & de *Madelene* de l'Aubespine. Elle mourut, en 1653, laissant de son mariage, entre autres enfans:

1 LOUIS de Mornay, Marquis de Villarceaux, Baron de Guerard, Seigneur d'Omerville, de Reuilly, &c. Capitaine-Lieutenant des Chevaux-Légers de Mgr le Dauphin, & du Duc d'Orléans, &c. mort en 1691.

2 CHARLOTTE de Mornay, mariée par contrat du 25 Juillet 1643, à *Jacques* Rouxel, Comte de Grancey, Chevalier des Ordres du Roi, Maréchal de France (d).

(d) Hist. des gr. Off. de la Cour. Tom. VI. pag. 292 & 293, & Tom. VII. pag. 573.

X.

DE LA RIVIERE.
D'argent au Lion de fable, à la bordure de gueules.

ROBERT DE GROUCHES, IIe du nom, Chevalier, Seigneur de Grouches, de Gribauval, du Luat, de Louvencourt, de Vaulmoife, de Bertraucourt, de Cramoyeau, des Bordes, de Limoges & de Fourches en Brie, des Francfiefs de Valois, de Grigny, de Trembleſeau, des Châteaux-forts & Châtellenies de Bazoges, & de Moricq, de la Guignardiere, de Froſſes, de la Marzelle, de Maroullet, de la Tour-d'Acquittar, des Marais-ſalans aſſis aux Iſles de Marennes, de Mercy, de Villefort, de la grande Guierche, &c. Bailli de Valois, Chambellan & Gentilhomme ordinaire du Roi HENRI IV, Chevalier de ſon Ordre, Gouverneur du Château de Pont-de-Remy, Capitaine d'une Compagnie de 50 hommes d'armes des Ordonnances de Sa Majeſté, Meſtre-de-Camp d'un Régiment entretenu, &c. né en 1564, eſt dit âgé de deux ans, lors de la Sentence rendue par le Juge de Valois, le 20 Août 1566, pour raiſon de ſa tutelle & curatelle, qui fut accordée, du conſentement de tous ſes parens, à *Claude* de Girard, ſa mere, veuve de *Henri* de Grouches, Seigneur de Grouches & de Gribauval (*a*); laquelle, par ſon Teſtament du 23 Octobre 1572, lui fit don de ſa vaiſſelle d'argent, voulant qu'elle paſſât d'aîné en aîné (*b*). *Valentine* Lorſévre, Dame de Bazoges & de Cramoyeau, ſon

(*a*) Arch. de Grouches.
(*b*) Ibid.

ayeule maternelle, sous la tutelle de laquelle il étoit en 1575, transigea le 15 Janvier de cette année, pour lui & ses sœurs, au sujet des droits Seigneuriaux de la Terre de Villers-sur-Orge (*a*) ; & fit aussi un partage, en cette qualité, pour eux, du chef de *Claude* de Girard, leur mere, avec *Charles* Poussart, Chevalier, Seigneur de Fors, Pannetier ordinaire du Roi, & *Marguerite* de Girard, sa femme, le 7 Septembre 1576 (*b*). Il étoit encore sous la curatelle de *François* de Paillart, Chevalier Seigneur de Chocqueuse, son beau-frere, qui, le 21 Janvier 1579, transigea au sujet d'un Contrat de Constitution, fait avec *Pierre* Monet, Conseiller du Roi, & Général de sa Cour des Monnoies (*c*) ; fit partage, en son nom, avec ses sœurs & leurs maris, le 21 Septembre 1585, des biens de *Henri* de Grouches, leur pere (*d*) ; & donna procuration, le 13 Octobre 1586, à *François* de Paillart, son beau-frere, pour attester, en son nom, que *Nicolas* le Viel avoit remis tous les titres & papiers relatifs aux biens & Seigneuries de la succession de *Henri* de Grouches, Seigneur de Grouches & de Gribauval ; ce que *François* de Paillart reconnut, tant pour *Robert* de Grouches, que pour lui, à cause de *Marie* de Grouches, sa femme, avec *Louis* de Mornay, Chevalier, Seigneur de Reuilly, & *Madelene* de Grouches, sa femme, par acte du 21 Février 1587 (*e*). Il étoit employé au service du Roi, le 5 Septembre de la même année 1587, que le Seigneur de Chepy (*Adrien* de la Riviere) Chevalier de l'Ordre de Sa Majesté, son beau-pere, obtint du Roi HENRI III, sur ce motif, & à cause de son ancien âge, & de ses services, particuliérement à la bataille de Montcontour, des Lettres d'exemption du ban & de l'arriere-ban (*f*). Ayant pris, pour quelque temps, le parti de l'union, le Duc de Mayenne lui accorda, le 7 Mars 1589, des Lettres de Provisions de la charge de *Bailli de Valois* (*g*); mais étant rentré dans son devoir, & ayant quitté le parti de la Ligue, le Roi HENRI IV le fit l'un de ses Chambellans, par Lettres

(*a*) Archives de Grouches.

(*b*) Ibid.

(*c*) Ibid.

(*d*) Ibid.

(*e*) Ibid.

(*f*) Ibid.

(*g*) Ibid.

du 24 Avril 1594 (*a*); lui accorda, le 10 Juin suivant, le Gouvernement du Château de Pont-de-Remy (*b*), & lui donna la charge de *Capitaine & chef d'une Compagnie de 50 Lances* (*c*). Il fit partage, le 3 Octobre de la même année 1594, avec *Marie* & *Madelene* de Grouches, ses sœurs, des biens de *Jean* de Girard, Seigneur de Basoges, & de *Valentine* Lorfévre, Dame de Cramoyau, leurs ayeuls maternels; & a, dans cet acte, le titre de *Chambellan ordinaire de la Maison du Roi*, & de *Capitaine de 50 hommes d'armes de ses Ordonnances* (*d*). Sa Majesté lui accorda aussi, le 6 Décembre suivant, un brevet de décharge pour la restitution des fruits & dixmes de l'Abbaye de Selincourt, dont il avoit joui, depuis 1590, en vertu d'une Commission du Duc de Mayenne, dont il avoit abandonné les Etendarts (*e*); & lui fit encore don, en considération de ses services, par Lettres du 31 Octobre 1595, des Terres & Seigneuries de Ligniéres, près de Montdidier, & de Questres en Boulenois (*f*). Il a le titre de *Chevalier de l'Ordre du Roi*, dans une Commission du Bailli de Meaux, du 23 Novembre de la même année 1595, portant main-levée, en vertu des Lettres du Roi, du 30 Août précédent, des Terres & Seigneuries, qui avoient été saisies sur *Marie* de Renty, sa cousine (*g*). Ayant été blessé & pris par les Espagnols, combattant généreusement à la défense de la ville de Doulens, il fut conduit au Château d'Amiens, où il resta prisonnier jusqu'au premier Mars 1596, que le Cardinal *Albert* d'Autriche lui fit délivrer un passeport, daté de Bruxelles (*h*); mais ayant été obligé de payer une rançon excessive, le Roi HENRI IV, par un brevet du 18 Octobre suivant, lui assura le premier bénéfice vacant, pour l'indemniser en partie, « à cause, y est-il dit, de ses services, en diverses occasions » importantes, en Picardie, *& notamment à la défense de* » *Doulens* (*i*). » Et Sa Majesté, par les mêmes motifs, & pour l'engager à rester fidèle à son service, lui délivra encore, le premier Mars 1597, des Lettres adressantes au Sénéchal de

(*a*) Archiv. de Grouches.
(*b*) Ibid.
(*c*) Ibid.

(*d*) Ibid.

(*e*) Ibid.

(*f*) Ibid.

(*g*) Ibid.

(*h*) Ibid.

(*i*) Ibid.

Boulenois & Gouverneur de Montdidier, portant confirmation du don qu'Elle lui avoit fait des Terres & Seigneuries de Ligniéres & de Queftres *(a)*. Cependant tous ces bienfaits du Roi ne pouvant remplir le vuide, occafionné par les dépenfes qu'il avoit faites à la guerre, & le paiement de fa rançon, il vendit fa Terre & Seigneurie de Moricq, en Bas-Poitou, à *Pierre* Brichard, Ecuyer, Seigneur de la Corviniere, par acte du premier Juin de la même année 1597 *(b)* & enfuite plufieurs autres Terres, tant Baronies que Châtellenies, jufqu'à la valeur de 140000 liv.; ainfi qu'il eft conftaté, par une Sentence du 15 Décembre 1612 *(c)*. Mais le plus grand dédommagement, dont fa générofité & fa gloire fe piquaffent, fut le certificat, daté du Camp d'Amiens, le 25 Septembre 1597, que le Roi HENRI IV lui délivra lui-même, touchant les fervices qu'il lui avoit rendus, « tant, y dit ce Prince, fervant fous la Cornette de Sa Majefté, » qu'à la défenfe de Doulens, où il étoit entré, par fon com- » mandement, & à la prife de laquelle Ville il avoit été griè- » vement bleffé d'un coup de moufquet, fait prifonnier & détenu » pendant quinze mois, ayant payé dix mille écus de rançon, » & fait d'autres grands frais pour fa délivrance *(d)*. » Il eft encore titré *Chambellan du Roi*, & *Capitaine de 50 hommes d'armes de fes Ordonnances*, dans une Sentence du Prevôt de Paris, rendue le 19 Mai 1598, pour la main-levée de fa Terre de Cramoyau, faifie, faute d'avoir comparu au ban & arrière-ban *(e)*; ainfi que dans des Lettres du 5 Juin fuivant, portant don à ANNE de la Riviere, fa femme, par *Françoife* de Tœufles, Dame de Hupy, mere de celle-ci, de plufieurs Terres & Seigneuries *(f)*: & il obtint deux Sentences, l'une le 14 Août de la même année 1598; & l'autre le 18 Novembre 1602, aux Requêtes du Palais, contre *Charles*, *Paul* & *Daniel* Pouffard, freres, & héritiers, comme lui, de *Valentine* Lorfévre, leur ayeule commune, touchant leurs droits refpectifs, en la fuc-ceffion de cette dernière *(g)*, Ayant acquis les Terres de Limoges

&

(a) Archiv. de Grou-ches.

(b) Ibid.

(c) Ibid.

(d) Ibid.

(e) Ibid.

(f) Ibid.

(g) Ibid.

& de Fourches en Brie, du temporel des Religieux de Saint-Martin-des-Champs à Paris, moyennant la somme de 4900 écus sol, il paya, pour l'acquit & parfait paiement de cette somme, celle de mille écus sol, suivant deux quittances des 14 & dernier Septembre 1599, où il est aussi qualifié de *Haut & Puissant Seigneur*, & titré de *Chambellan du Roi*, *Capitaine de 50 hommes d'armes de ses Ordonnances* (a). Il transigea de nouveau, à cause d'ANNE de la Riviere sa femme, avec *Adrien* de la Riviere, Chevalier de l'Ordre du Roi, pere de celle-ci, par acte du 15 Janvier 1602 (b): & comme fils & héritier de *Henri* de Grouches & de *Claude* de Girard, ayant les droits de *Nicolas* Bourdin, Secrétaire du Roi, & de *Marie* Fayet, sa femme, il paya 3000 l., par contrat du 22 Mars 1608, à *Sébastien* le Hardy, Seigneur de la Trousse, Gentilhomme ordinaire de la Chambre du Roi, & à *Susanne* Olivier, sa femme (c). Il est encore titré *Chevalier de l'Ordre du Roi*, dans les Lettres d'émancipation de *Jean* de Grouches, son fils aîné, du 12 Juin 1613 (d), ainsi que dans la Sentence du Bailli de Corbeil, rendue le 15 du même mois de Juin, touchant cette émancipation & la curatelle de *Pierre* de Grouches, son autre fils (e): & céda, par acte du 29 Septembre 1616, à *Jean* de Grouches, son fils aîné, sous quelques conditions, tous les acquets & conquets immeubles faits, pendant son mariage, avec ANNE de la Riviere, & qui lui appartenoient, tant de son chef, qu'à cause de la donation à lui faite, par le Testament de la même ANNE de la Riviere, du 5 Mars 1613, avec le quint des propres qu'elle lui avoit aussi donnés, pour en jouir jusqu'à son décès, ainsi que d'autres biens & droits, dont il étoit propriétaire, par la cession que lui en avoit faite *Adrien* de la Riviere, Baron de Chepy, son beau-pere, & à cause des rentes de la succession de ce dernier, & de *Françoise* de Tœufles, sa femme (f). Il transigea encore, par acte du 17 Mai 1624, comme héritier de *Jean* de Montmorency, son neveu, fils de *Marie* de Grouches, sa sœur, &

(a) Arch. de Saint-Martin-des-Champs à Paris, originaux.

(b) Arch. de Grouches.

(c) Ibid.

(d) Ibid.

(e) Ibid.

(f) Ibid.

E

de *Jofias* de Montmorency, Seigneur de Bours, fon fecond mari, au fujet des Terres & Seigneuries du Pleffis-Bouilleux, de Réez, Poix, & de Foffemartin, que la même *Marie* de Grouches avoit eu, par partage fait avec *François* Hotman, & *Louife* Hotman, fa fœur, époufe en fecondes nôces de *Jofias* de Montmorency (*a*). Il avoit fait un Teftament dès le 18 Novembre 1603, où il fe qualifioit auffi *Chevalier de l'Ordre du Roi, Capitaine de* 50 *hommes d'armes des Ordonnances de Sa Majefté, & fon Chambellan ordinaire*, par lequel il élut fa fépulture, en l'Eglife des Capucins d'Abbevilla (*b*) ; & mourut avant le 15 Juin 1627.

(*a*) Arch. de Grouches.

(*b*) Ibid.

Il avoit époufé, par contrat du 17 Février 1586, ANNE de la Riviere, Dame de Chepy, de Hupy, Villers-fur-Campfart, Saint-Maxens, &c. fille unique & héritière d'*Adrien* de la Riviere, Chevalier de l'Ordre du Roi, Seigneur de Chepy, Frieres, Grandmoulin, Boisjean, &c. & de *Françoife* de Tœufles, Dame de Hupy, de Saint-Maxens, de Caumont, de Grebaumefnil, &c. qui y ftipulerent pour elle (*c*). ANNE de la Riviere avoit auffi pour ayeule paternelle, *Marie* de Roncherolles, iffue, par les Maifons de Châtillon, de Hallewin, de la Trimouille, de Montmorency, de Montfort, de Crequy, de Roye, de Béthune, de Picquigny & de Néelle, de LOUIS VII, Roi de France ; des Comtes de Dreux, de Dammartin, de Ponthieu, de Champagne & de Haynaut : & pour ayeule maternelle, *Sufanne* de Saint-Omer, defcendue par les Maifons de Flandres, de Montmorency, de Crequy, de Craon, de Picquigny, de Ghiftelles, de Montfort, de Coucy, & de Beaumez, de PHILIPPE *le Long*, Roi de France ; des Ducs de Bourgogne ; des Comtes de Ponthieu, de Hainaut & de Dreux. Elle eft nommée, avec fon mari, dans le don que fes pere & mere lui firent, par Lettres du 5 Juin 1598, des Terres & Seigneuries de Hupy, de Caumont & de Saint-

(*c*) Ibid.

de Grouches-de-Chepy.

Maxens, leurs circonſtances & dépendances, ſous quelques conditions, entre autres d'entretenir un Obit fondé, tous les Vendredis, pour l'ame de *Louis* de Tœufles, Seigneur de Hupy, & un autre le 13 Juillet, pour celle de *Suſanne* de Saint-Omer, dite de Morbecque, ſa femme, ayeuls maternels d'ANNE de la Riviere. (*a*) Elle ſtipula encore dans la tranſaction faite entre ſon mari & elle, & *Adrien* de la Riviere, Chevalier de l'Ordre du Roi, Seigneur de Chepy, ſon pere, le 15 Janvier 1602 (*b*); & ſon mari la chargea auſſi de l'éducation de leurs enfans, par ſon Teſtament du 18 Novembre 1603 (*c*). Les dettes conſidérables qu'avoit contractées à la guerre, ROBERT de Grouches ſon mari, & le paiement de ſa rançon, après ſa priſe au ſiége de Doulens, les forcerent de paſſer, entre eux, une Sentence de concert, le 15 Décembre 1612, pour la vente de pluſieurs Terres, tant Baronies que Châtellenies, juſqu'à la valeur de 40 mille écus (*d*). Elle fit ſon Teſtament, le 5 Mars 1613, par lequel elle élut auſſi ſa ſépulture, en l'Egliſe des Capucins d'Abbeville (*e*); & mourut avant le 15 Juin ſuivant.

(*a*) Arch. de Grouches.

(*b*) *Ibid.*

(*c*) *Ibid.*

(*d*) *Ibid.*

(*e*) *Ibid.*

Ils laiſſérent de leur mariage:

1 JEAN DE GROUCHES, IIe du nom, Seigneur de Grouches, Baron de Chepy, qui ſuit.

2 PIERRE DE GROUCHES, Seigneur de Gribauval, du Pleſſis-Bouilleux, de Poix, de Réez, de Foſſemartin, Chantemerle, du Luat, des Francsfiefs de Valois, de Villers-ſur-Campſart, de Liomer, Belleperche, de Coutures, de Douville, &c. Gentilhomme ordinaire de la Chambre du Roi, Capitaine au Régiment de ſes Gardes, eſt dit fils de *Robert* de Grouches, Chevalier de l'Ordre du Roi, & d'*Anne* de la Riviere, dans la Sentence du Bailli de Corbeil, rendue pour ſon émancipation & cu-

E ij

ratelle, le 15 Juin 1613 (a); eſt nommé avec *Jean* de Grouches, ſon frere, & *Robert* de Grouches, leur pere, dans la ceſſion faite, par ce dernier, le 29 Septembre 1616, de tous ſes acquets & conquets, au même *Jean* de Grouches, à condition qu'après ſa mort, ſes deux fils en feroient partage (b); ce qui fut effectué entre eux, par acte du 24 Février 1624, touchant leurs droits reſpectifs dans des biens d'*Anne* de la Riviere, leur mere (c), qu'ils ratifiérent, en partageant de nouveau, les biens des ſucceſſions de leurs pere & mere, par autre acte du 15 Juin 1627 (d). Il fut tué au ſiége de Saint-Omer.

Il avoit épouſé, par contrat du 19 Juillet 1636, fait en préſence de *Jean* de Grouches, Baron de Chepy, ſon frere aîné, CLAUDE Rouault, ſœur de *Nicolas-Joachim* Rouault, Chevalier, Marquis de Gamaches, Lieutenant-Général des Armées du Roi, Chevalier des deux Ordres de Sa Majeſté, Seigneur & Gouverneur de Saint-Valery-ſur-mer, & d'*Ignace* Rouault, Marquis d'Acy; & fille de *Nicolas* Rouault, Chevalier, Marquis de Gamaches, Gentilhomme ordinaire de la Chambre du Roi, Capitaine de 50 hommes d'armes de ſes ordonnances, Baron de Hellicourt, Vicomte de Tilloy, &c. & de *Françoiſe* Mangot (e). Elle étoit veuve, & Penſionnaire aux Filles de Sainte Marie de Meaux, en 1662 (f); & outre pluſieurs enfans morts jeunes, elle laiſſa de ſon mariage:

1. MARIE-FRANÇOISE de Grouches, Dame de Gribauval, de Villers-ſur-Campſart, du Pleſſis-Bouilleux, de Foſſemartin, de Poix, &c. reſtée fille unique & héritière, fut mariée, par contrat du 29 Juin 1661, fait en préſence de *Nicolas-Joachim* Rouault, Marquis de Gamaches, & d'*Ignace* Rouault,

(a) Archives de Grouches.

(b) Ibid.

(c) Ibid.

(d) Ibid.

(e) Hiſt. des gr. Off. de la Cour. Tom. VII. pag. 101.
(f) Ibid.

de Grouches-de-Chepy. 37

Marquis d'Acy, ſes deux oncles maternels, fondés de pouvoir de *Claude* Rouault, ſa mere, à FRANÇOIS des Eſſars, Marquis de Liniéres, Gouverneur de Saint-Quentin, Colonel d'Infanterie, qui fut tué en Candie (*a*). Elle tint ſur les Fonts de Baptême, en l'Egliſe Paroiſſiale de Saint Sulpice de Hupy, *Nicolas-Antoine* de Grouches, ſon neveu à la mode de Bretagne, le 23 Septembre 1668 (*b*); & mourut en 1697.

(*a*) Hiſt. des gr. Off. de la Cout. Tom. VII. pag. 101.

(*b*) Archives de Grouches.

CLAUDE-MARIE des Eſſars, leur fille, morte ſans alliance, étoit encore, au mois de Février 1700, fille d'honneur de Madame la Grand-Ducheſſe (*c*).

(*c*) Hiſt. des gr. Off. de la Cour. Tom. VII. p. 101, & Tom. VIII. p. 560.

Fils naturel de ROBERT *de Grouches, II.ᵉ du nom, Seigneur de Grouches & de Gribauval.*

1 ROBERT, *Bâtard de Grouches*, Ecuyer, Seigneur de Bourquentin, époufa, par contrat, fait en préſence de *Jean* de Grouches, Baron de Chepy, le 13 Novembre 1642, CATHERINE de Sainte-Aldegonde, fille de défunt *Robert* de Sainte-Aldegonde, Seigneur de Noircarmes, & d'*Anne* de Bacouël, veuve alors, en dernières nôces, d'*Oudart* le Fuzelier, Chevalier, Seigneur de Berſin (*d*). ROBERT de Grouches, & CATHERINE de Sainte-Aldegonde, ſa femme, donnèrent quittance, le 2 Décembre de la même année 1642, de la ſomme de 1800 liv. pour l'extinction de 100 liv. de rente, dont s'étoit chargé, par leur Contrat de Mariage, *Jean* de Grouches, Baron de Chepy (*e*); & *Robert* de Grouches, Seigneur de Bourquentin, eut un habit de deuil, pour tout legs, par le Codicile

(*d*) Archives de Grouches.

(*e*) *Ibid.*

38 *Généalogie de la Maison*

(a) Archiv. de Grouches.

de *Marie* de la Fontaine, veuve du même Baron de Chepy, du 14 Octobre 1651 (a).

Ils eurent pour enfans:

1 FRANÇOIS DE GROUCHES, dit de Noircarmes, Ecuyer, Seigneur de Bourquentin.

2 CATHERINE DE GROUCHES-de-Bourquentin, fut mariée à N... Seigneur de Pinsevalise, Gentilhomme de la Province de Picardie; dont elle a eu plusieurs enfans.

3 ANNE DE GROUCHES, dite Mlle de Noircarmes.

X I.

BEC-DE-VARDES.
Lozangé d'argent & de gueules.
DE FONTAINES.
D'or à trois écussons de vair.

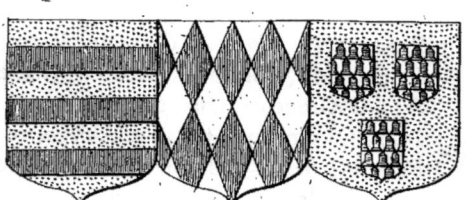

JEAN DE GROUCHES, IIe du nom, Chevalier, Baron de Chepy, Seigneur de Grouches, de Hupy, de Villers-sur-Campfart, de Frayeres, de Dominois-les-Bois, de Louvencourt, de Cramoyau, Tremblefeau, Noisemont, Saint-Maxens, de Caumont, de Trenquie, de Grebaumesnil, de Boisjean, de Limoges en Brie, &c. Gentilhomme ordinaire de la Chambre du Roi LOUIS XIII, Capitaine de 50 Hommes d'armes des ordonnances de Sa Majesté, fut émancipé en 1613, suivant des Lettres obtenues au Grand-Conseil, le 12 Juin (*a*), & une Sentence du Bailli de Corbeil, du 15 du même mois de Juin (*b*), par *Robert* de Grouches, Seigneur de Gribauval, son pere, qui, par acte du 29 Septembre 1616, lui fit cession de tous ses acquets & conquets immeubles, & d'autres biens & droits, tant de son chef, de celui d'*Anne* de la Riviere sa femme, que du chef d'*Adrien* de la Riviere, Baron de Chepy, & de *Françoise* de Tœufles, pere & mere de celle-ci (*c*). Il obtint du Roi LOUIS XIII, le 26 Juillet 1622, une Commission de *Capitaine d'une Compagnie de cinquante Chevaux-Légers* (*d*), avec laquelle il servoit le 28 Août suivant, selon le certificat qui lui en fut délivré, par le Duc d'Angoulême (*e*). Il fit un partage définitif le 24 Février 1624, où la donation ci-dessus, du 29 Septembre 1616, est rappellée, avec *Pierre* de Grouches, Seigneur de Gribauval, son frere puîné, en conséquence d'un autre partage provisionel, fait entre eux, le 13 Mars 1618, des biens de la succession d'*Anne* de la Riviere, leur mere (*f*) : partages qu'ils ratifiérent, par un nouveau, fait le 15 Juin 1627, des biens provenans des successions de leurs pere & mere (*g*). Il avoit obtenu la veille 14 Juin, des Provisions pour la charge de *Gentilhomme ordinaire de la Chambre du Roi*, dont il prêta serment le même jour (*h*), & dans laquelle il étoit en exercice le 18 du même mois de Juin, suivant le certificat de *Jean* de Souvré, Marquis de Courtenvaux (*i*). Il fit une vente de 183 journaux de terre, à *Sébastien* Pecoul, le 15 Janvier 1628 (*k*); vendit aussi, par acte du 19 du même mois. sa Terre & Seigneurie de Louvencourt, à *Charles* le Caron, Conseiller, Médecin ordinaire du Roi (*l*); & fit encore vente, conjointement avec MARIE de Fontaines, sa femme, par autre acte du 8 Juin 1629, où il stipula, comme fondé de pouvoir de *Gabrielle* de la Radde, Dame de Tully, Moutier, Grigneuseville, &c. veuve de *Jacques*

(*a*) Arch. de Grouches.
(*b*) Ibid.

(*c*) Ibid.

(*d*) Ibid.

(*e*) Ibid.

(*f*) Ibid.

(*g*) Ibid.

(*h*) Ibid.
(*i*) Ibid.
(*k*) Ibid.

(*l*) Ibid.

Généalogie de la Maison

de Fontaines, Chevalier, Seigneur de Ramburelles, de Forceville, &c. à *Nicolas* Lerminier, Marchand, Bourgeois d'Abbeville, de la Terre & Seigneurie de Forceville, qu'il avoit eu, en déduction des promesses de mariage de sa femme (*a*); pour l'acquit desquelles, *Gabrielle* de la Radde, sa belle-mere, lui fit aussi cession, le 8 Novembre de la même année 1629, d'une somme de 2000 liv., à prendre, par chacun an, sur ses Fermiers de Tully & de Rinbehem (*b*). Il s'obligea encore, avec *Gabrielle* de la Radde, & *Nicolas* de Fontaines, son beau-frere, dans deux Contrats de Constitution de rente, l'une de 775 liv., & l'autre de 475 liv., faits au même sujet, les 1ᵉʳ & 2 Août 1630 (*c*), pour raison desquelles il intervint une Sentence de nantissement, au Bailliage d'Amiens, le 9 Avril 1631 (*d*), & une Sentence d'hypothéque, au Présidial d'Abbeville, le 20 Juin suivant (*e*). Ces deux rentes furent remboursées, par actes des 5 & 10 Août 1633 (*f*). *Gabrielle* de la Radde, sa belle-mere, s'étoit aussi obligée, envers lui, par acte du dernier Octobre de la même année 1630, de payer, en son acquit, 2000 liv. pour le capital d'une rente, due à *Pierre* Damiette, Ecuyer, Seigneur de Béthencourt (*g*); & il reconnut, par autre acte du même jour dernier Octobre, qu'un emprunt fait à constitution, par elle, au mois de Septembre précédent, d'une somme de 4000 liv., le regardoit personnellement (*h*). Il reçut le 7 Février 1632, une Lettre du Roi, qui constate qu'il avoit toujours servi Sa Majesté (*i*); & le 13 Septembre suivant, le Maréchal d'Estrées, Lieutenant-Général des Armées du Roi, & son Ambassadeur en Allemagne, lui expédia un ordre, daté de Coblentz, par lequel, « sur la représentation du Baron de » Chepy, *Capitaine d'une Compagnie de Chevaux-Légers*, que » cette Compagnie étoit tellement diminuée, que se retrouvant » seulement, lui, ses Officiers & Cavaliers, au nombre de 18, » & ne pouvant rendre à Sa Majesté le service qu'il lui devoit, » à cause de sa charge en l'Armée » Il lui permit de se retirer devers

(*a*) Archives de Grouches.

(*b*) Ibid.

(*c*) Ibid.
(*d*) Ibid.

(*e*) Ibid.
(*f*) Ibid.

) Ibid.

(*h*) Ibid.

(*i*) Ibid.

de Grouches-de-Chepy.

devers le Roi, pour y être pourvu (*a*). Epuifé par les dépenfes de la guerre, il vendit encore, par acte du 25 Juillet 1634, fes Terres & Seigneuries de Tremblefeau, de Noifement & Cramoyeau, à *Jean-Antoine* de Mefmes, Chevalier, Seigneur d'Irval, Maître des Requêtes ordinaire de l'Hôtel du Roi (*b*). Ayant reçu un ordre, daté du Camp de Corbie le 12 Septembre 1635 « de faire affembler autant d'habitans qu'il pourroit, » des Villages du Vimeu, & autres circonvoifins, pour s'oppo- » fer en armes, aux courfes des ennemis (*c*) » Il fut commis enfuite, à la Garde du Pont-de-Remy, & pays voifin, avec autorité fur le Commandant, par deux Mandemens; l'un du Seigneur de Belleforiére, Comte de Soyecourt, Lieutenant-Général pour le Roi, en Picardie, du 11 Octobre; & l'autre du 15 Octobre, du Duc de Chaunes, Pair & Maréchal de France, Gouverneur de Picardie (*d*); qui lui délivra, le 28 du même mois d'Octobre, une atteftation, portant « que lui Baron » de Chepy, avoit fervi, toute la Campagne, en qualité de » *Chef & Commandant d'une Brigade de la Nobleffe de Picardie* (*e*).» Il comparut au mariage de *Pierre* de Grouches, Seigneur de Gribauval, fon frere, contracté avec *Claude* Rouault, le 19 Juillet 1636 (*f*). Ayant fervi, comme volontaire, au fiége & prife de la ville de Hefdin, en 1639, M. de la Meilleraye, Lieutenant-Général des Armées du Roi, lui en délivra fon certificat, le 26 Juin (*g*). Il fit encore avec *Gabrielle* de la Radde, fa belle-mere, & *Nicolas* de Fontaines, Seigneur de Ramburelles, fon beau-frere, un contrat de conftitution de 100 liv. de rente, au profit de *Samfon* Hecquet, l'aîné, Bourgeois d'Abbeville, par acte du 13 Novembre 1645 (*h*): ftipula auffi au Contrat de Mariage de *Marie-Gabrielle* de Grouches, fa fille, avec *Abfalon-Claude-Jean* d'Afpremont, Marquis de Vandy, le 13 Juillet 1651 (*i*); fit fon Teftament le 11 Octobre fuivant, par lequel il élut fa fépulture, en l'Eglife de Huppy; fit des

(*a*) Archives de Grouches.

(*b*) *Ibid.*

(*c*) *Ibid.*

(*d*) *Ibid.*

(*e*) *Ibid.*

(*f*) *Ibid.*

(*g*) *Ibid.*

(*h*) *Ibid.*

(*i*) *Ibid.*

F

legs pieux, aumônes & autres difpofitions, en faveur de fes enfans (a); & mourut inftamment après.

(a) Arch. de Grouches.

Il avoit épousé 1° RENÉE du Bec-de-Vardes; de laquelle il n'eut point d'enfans.

Il avoit épousé 2°, par contrat du 26 Septembre 1628, fait en préfence d'*Antoine* de Grouches, Ecuyer, Seigneur de Bacouel, fon oncle à la mode de Bretagne, MARIE de Fontaines, née en 1602, fille de défunt *Jacques* de Fontaines, Chevalier, Seigneur de Ramburelles, Orival, Forceville, &c. & de *Gabrielle* de la Radde, Dame de Tully, Moutiers, Grigneufeville, &c. qui y ftipula pour Elle; ainfi que *Nicolas* de Fontaines, Chevalier, Seigneur de Ramburelles, fon frere (b). MARIE de Fontaines avoit pour ayeule maternelle, *Barbe* de Mailly; qui avoit pour bifayeul, *Jean* d'Ailly, defcendu par les Maifons de Béthune & de Néelle, des Comtes de Dammartin & de Ponthieu, & de LOUIS VII, Roi de France; & pour bifayeule *Iolande* de Bourgogne, fille légitimée de PHILIPPE le Bon, Duc de Bourgogne. Elle eft nommée avec fon mari, fa mere & fon frere, dans un contrat de vente du 8 Juin 1629; dans un tranfport du 8 Novembre fuivant; dans des contrats de conftitution, des premier & 2 Août 1630; dans une Sentence du Bailli d'Amiens, du 9 Avril 1631; & dans le Contrat de Mariage de fa fille, du 13 Juillet 1651, mentionnés ci-deffus (c). Elle fit fon Teftament le 2 Octobre de la même année 1651, par lequel elle élut fa fépulture en l'Eglife de Huppy, fit divers legs pieux, aumônes, des dons à fes domeftiques, & plufieurs difpofitions, en faveur de fes enfans : fit encore un premier Codicile, le 14 Octobre fuivant, attendu la mort de fon mari, furvenue depuis fon Teftament, par lequel elle nomma pour Tuteur au Marquis de Chepy leur fils, *Nicolas* de Fontaines,

(b) *Ibid.*

(c) *Ibid.*

de Grouches-de-Chepy. 43

Chevalier, Seigneur de Ramburelles, frere de la Teſtatrice
« ſans s'arrêter, y dit elle, au prétendu Teſtament que l'on
» a fait faire au feû Baron de Chepy, ſon mari, n'ayant plus
» de connoiſſance » qu'elle approuva cependant, quant aux
legs pieux ; & augmenta juſqu'à 7000 liv. le legs, fait à leur fille,
par ce Teſtament (a). Elle fit enfin un ſecond Codicille, le 17   (a) Arch. de Grou-
Octobre de la même année 1651, par lequel elle donna à ſa   ches.
fille, ſes biens ſitués au Village & Terroir de Retz-à-Coulon;
& mourut le même jour, entre 10 & 11 heures du ſoir (b).   (b) Ibid.

Elle eut de ſon mariage :

1 AUGUSTIN DE GROUCHES, Seigneur de Grouches,
Marquis de Chepy, qui ſuit.

2 MARIE-GABRIELLE DE GROUCHES, Dame Patrone
de Grigneuſeville, en Normandie, de Retz-à-Coulon,
de Grouches, du Moulin de la Motte, &c. née en 1631,
fut mariée 1º, par contrat fait en préſence de ſes pere &
mere, le 13 Juillet 1651, à ABSALON-CLAUDE-JEAN
d'Aſpremont, Chevalier, Seigneur Marquis de Vandy,
Maréchal des Camps & Armées du Roi, Gouverneur de
la ville du Caſtelet, puis de Montmidy, & Meſtre-de-
Camp d'un Régiment d'Infanterie, entretenu, fils aîné
de défunt *Jean* d'Aſpremont, Chevalier, Seigneur de
Vandy, Conſeiller du Roi en ſes Conſeils, Gouverneur
de Toul en Loraine, Meſtre-de-Camp d'un Régiment
entretenu, & d'*Innocente* de Marillac (c). *Marie* de Fon-   (c) Ibid.
taines, ſa mere, par ſon Teſtament du 2 Octobre de la
même année 1651, lui fit don de 2000 liv. (d) ; & *Jean*   (d) Ibid.
de Grouches, Baron de Chepy, ſon pere, par le ſien,
du 11 du même mois, lui légua une pareille ſomme (e)   (e) Ibid.
augmentée juſqu'à 7000 liv., par le premier Codicille, du

F ij

Généalogie de la Maison

14 Octobre, de sa mere (a), qui, par un second Codicille, du 17 du même mois, lui fit encore don de ses biens assis à Retz-à-Coulon (b). Le Marquis de Vandy, son mari, transigea, à cause d'Elle, à l'occasion de ses droits successifs, avec *Augustin* de Grouches, Marquis de Chepy, son beau-frere, par acte du 20 Août 1653 (c); & elle comparut au Contrat de Mariage de celui-ci, le 31 Juillet 1657 (d). Elle n'eut point d'enfans de son premier mari; & convola en secondes nôces, avec ABRAHAM d'Ozanne, Ecuyer, Seigneur de la Hottonerie, Capitaine au Régiment de Turenne, puis au Régiment de Picardie, avant le 18 Décembre 1663, qu'ils avoient présenté Requête au Conseil-Privé du Roi, sur laquelle ils obtinrent Arrêt, le 29 Avril 1664, qui renvoya, en la cinquiéme Chambre des Requêtes du Parlement, leurs contestations avec *Augustin* de Grouches, Marquis de Chepy, frere de MARIE-GABRIELLE de Grouches (e); sur lesquelles contestations ils transigérent le 30 Août 1674: & par cette Transaction elle céda à son frere, entre autres choses, la Terre & Seigneurie de Grouches, telle qu'elle lui avoit été donnée par ses pere & mere, lors de son premier mariage, avec le Marquis de Vandy, contracté le 13 Juillet 1651 (f). Elle étoit veuve de son second mari, le 19 Août 1688, qu'elle fit don de la Terre & Seigneurie de Grigneuseville, sauf l'usufruit qu'elle se réserva pendant sa vie, à *Augustin-Charles* de Grouches, Marquis de Gribauval, son neveu (g), auquel elle donna encore, par acte du premier Juin 1711, les Terres & Seigneuries de Grouches, de Retz-à-Coulon, & le Moulin de la Motte, sous quelques conditions (h); & elle transigea aussi, le 26 Septembre 1716, au sujet des réparations que *Nicolas-Antoine* de Grouches, son autre neveu, avoit fait faire aux Moulins dépendans de la Terre de Grigneuseville (i).

(a) Archiv. de Grouches.
(b) Ibid.
(c) Ibid.
(d) Ibid.
(e) Ibid.
(f) Ibid.
(g) Ibid.
(h) Ibid.
(i) Ibid.

Elle mourut âgée de 94 ans, ou environ, sans postérité, au mois de Mai 1725.

XII.

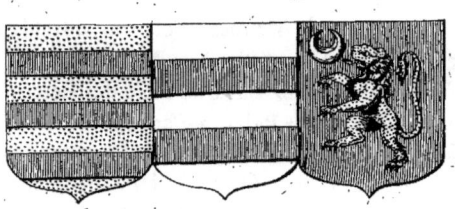

DE RONCHE-
ROLLES.
*D'argent à deux
fasces de gueules.*

CHARRETON-DE-
LA-TERRIERE.
*De gueules au lion
d'or, accompagné au
premier canton du chef
d'un croissant d'ar-
gent.*

AUGUSTIN DE GROUCHES, Chevalier, Marquis de Chepy, Seigneur de Grouches, de Huppy, de Saint-Maxens, de Limeux, Caumont, Grebault, Trenquie, Pouletiere, des Boisjean, de Honnicourt, des bois de Gribauval, &c. Gentilhomme ordinaire de la Vénérie du Roi, Capitaine de Chevaux Légers, au Régiment de Mazarin, né le 8 Décembre 1638, & baptisé le 5 Février suivant, en l'Eglise paroissiale de Saint-Sulpice de Huppy (*a*), est nommé dans le Testament, du 2 Octobre 1651, de *Marie* de Fontaines, sa mere, qui lui fit don de tous ses biens, meubles, immeubles, acquêts & conquêts immeubles (*b*); & dans celui, du 11 du même mois d'Octobre, de *Jean* de Grouches, Baron de Chepy, son pere, qui lui donna aussi tous ses biens, meubles & immeubles (*c*). Il transigea, par Acte du 20 Août 1653, tant en son nom, que se faisant fort de *Catherine* de Roncherolles, sa premiere femme, assistée de *Pierre* de Roncherolles, Chevalier, Marquis de Roncherolles, Lieutenant-Général des armées du Roi, son pere, avec *Absalon-Claude-Jean* d'Aspremont,

(*a*) Archiv. de Grouches.

(*b*) *Ibid.*

(*c*) *Ibid.*

Marquis de Vandy, & Marie-Gabrielle de Grouches, son épouse, au sujet de leurs droits respectifs, en la succession de *Jean* de Grouches, & de *Marie* de Fontaines, pere & mere communs d'*Augustin* de Grouches, & de *Marie-Gabrielle* de Grouches, contractans (*a*) : & cette transaction fut homologuée, par Arrêt du 8 Octobre suivant (*b*). Il transigea aussi, avec *Jean-Antoine* de Mesmes, Seigneur d'Irval, Président au Parlement, par autre Acte du 5 Mars 1657 (*c*) : obtint, comme *Gentilhomme de la Vénérie du Roi*, des Lettres de *Committimus*, aux Requêtes du Palais à Paris, le 30 Juillet 1661 (*d*) : étoit *Capitaine de Chevaux Légers, au Régiment du Cardinal Mazarin*, lorsque, le 7 Août suivant, il rendit la foi homage au Roi, pour ses Terres de Hupy, Saint-Maixens, & de Trenquie (*e*) : plaidoit avec *Marie-Gabrielle* de Grouches, sa sœur, & son second mari, en 1664, que, par Arrêt du Conseil-Privé du Roi, du 29 Avril, leurs différends furent renvoyés en la cinquieme Chambre des Enquêtes du Parlement (*f*) : transigea encore, pour les droits D'ANNE-MARIE Charreton-de-la-Terriere, sa seconde femme, par Acte du 21 Mars 1674 (*g*) : & par une autre transaction du 30 Août de la même année, *Marie-Gabrielle* de Grouches, sa sœur, lui ceda en toute propriété, la terre & Seigneurie de Grouches (*h*). Pour le récompenser de ses services, le Roi érigea sa Terre & Seigneurie de Hupy, en Marquisat, sous le nom DE GRIBAUVAL, par Lettres données à Versailles, au mois de Mai 1681, enregistrées au Parlement, le 31 Août 1682, & en la Chambre des Comptes de Paris, le 29 Août 1685 (*i*). Ces Lettres rappellent les services importans de *Henry* de Grouches, son bisayeul, Seigneur de Gribauval, Chevalier de l'Ordre du Roi HENRY II; ceux de *Robert* de Grouches IIe du nom, son ayeul, Chambellan & Gentilhomme ordinaire de la Chambre du Roi HENRY IV, Capitaine de cinquante hommes Lanciers, & Mestre-de-Camp d'un Régiment entretenu, qui s'étoit signalé à la défense des

(*a*) Archives de Grouches.
(*b*) Ibid.
(*c*) Ibid.
(*d*) Ibid.
(*e*) Ibid.
(*f*) Ibid.
(*g*) Ibid.
(*h*) Ibid.
(*i*) Ibid.

villes d'Amiens & de Doullens, où il fut griévement blessé ; ceux de *Jean* de Grouches, Baron de Chepy, son pere, Gentilhomme ordinaire du Roi LOUIS XIII, & Capitaine d'une Compagnie d'Ordonnances; & ceux de *Pierre* de Grouches, son oncle, Capitaine aux Gardes, qui fut tué au siege de Saint-Omer. Les siens sont aussi détaillés dans ces Lettres; il y est dit : « Qu'il étoit entré au Service du Roi, dès l'âge de dix-sept ans, » & avoit porté les armes, en qualité de Volontaire, dans le » Régiment de Cavalerie de Rouvré; qu'après plusieurs cam- » pagnes il avoit eu une Compagnie dans le Régiment de » Cavalerie du Cardinal Mazarin, commandé par le Maréchal, » Duc de la Feuillade ; & qu'y ayant servi jusqu'à la paix, & » ce Régiment ayant été cassé, il fut contraint de se retirer, » à cause de ses incommodités, occasionnées par les fatigues » qu'il avoit souffertes à la guerre ». Rendu à ses affaires domestiques, il fut présent à la donnation qui fut faite, à *Augustin-Charles* de Grouches, son fils, par *Marie-Gabrielle* de Grouches, tante de ce dernier, le 19 Août 1688 (*a*). Mais, les forces de son tempéramment étant épuisées pas ses campagnes, il mourut à la fleur de son âge, en 1689.

(*a*) Archiv. de Grouches.

Il avoit épousé 1° CATHERINE de Roncherolles, fille de *Pierre* de Roncherolles, Chevalier, Marquis de Roncherolles, Lieutenant-Général des Armées du Roi, & de *Marie* Nicolai. Elle est nommée, ainsi que son pere & son mari, dans la transaction passée, avec *Absalon-Claude-Jean* d'Aspremont, Marquis de Vandy, & *Marie-Gabrielle* de Grouches, sa femme, le 20 Août 1653 (*b*); & mourut, peu de temps après, sans postérité.

(*b*) Ibid.

Il avoit épousé 2°, par Contrat du 31 Juillet 1657, ANNE Charreton-de-la-Terriere, fille de *Jacques* Charreton, Chevalier, Seigneur de la Terriere, de Regnier, &c. Conseiller du Roi en ses Conseils & Direction de ses Finances, Maître des Requêtes

Ordinaire de l'Hôtel de Sa Majesté, Conseiller d'Etat Ordinaire, & de *Marie* de Coulleur, fille unique de *Claude* de Coulleur, Vicomte d'Arnay, Conseiller, Maître d'Hôtel du Roi, & de *Marie* Noirat-de-Rouville (*a*). Elle fut assistée à ce Contrat, par ses pere & mere, *Louis* & *Jacques* Charreton, ses freres, *Hector* le Bouthillier, Archevêque de Tours, son cousin, & autres personnes de distinction. Elle est nommée, avec son mari, dans des Lettres du 21 Mars 1674, par lesquelles, de son autorité, elle renonça, comme elle avoit fait, par Acte du 17 Décembre précédent, à la succession de *Jacques* Charreton, son pere, en conséquence de l'inventaire fait après son décès, le 23 du même mois de Décembre, à la Requête de *Marie* de Coulleur, sa veuve; & se restraignit à une somme de 22000 liv. au lieu de 40000 liv. qui lui restoient dues de celle de 100,000 liv. pour ses droits, en faveur de ses freres (*b*). Elle fit son Testament le 13 Janvier 1685 (*c*), & mourut, avant l'an 1690, laissant pour enfans de son mariage :

(*a*) Archiv. de Grouches.

(*b*) *Ibid.*

(*c*) *Ibid.*

1 AUGUSTIN-CHARLES-EMANUEL DE GROUCHES, Marquis de Chepy & de Gribauval, Seigneur de Grouches, de Hupy, de Saint-Maxens, de Grebault, Trenquie, Limeux, Caumont, de Honnicourt, de Poultiere, &c. premier Chambellan de MONSIEUR, Duc d'Orléans, Colonel du Régiment de Chartres, Cavalerie, Brigadier des Armées du Roi, &c. fut baptisé en l'Eglise de Saint-Sulpice de Hupy, le 16 Décembre 1664, & eut pour parrain *Charles* de Rambures, Marquis de Rambures, & pour marraine *Marie* de Lomenie, Marquise de Gamaches (*d*). *Anne-Marie* Charreton-de-la-Terriere, sa mere, lui fit don de 31000 liv., par son Testament du 13 Janvier 1685 (*e*). Il obtint le 13 Janvier 1687, la charge de *premier Chambellan ordinaire de* MONSIEUR, *Duc d'Orléans, frere unique du Roi*, sur la démission faite le 4, par *René*

(*d*) *Ibid.*

(*e*) *Ibid.*

de

de Grouches-de-Chepy. 49

de Liscoët, Capitaine-Colonel des Cent-Suisses de la Garde de ce Prince; & prêta serment, en conséquence, le 28 du même mois de Janvier (a). *Marie-Gabrielle* de Grouches, sa tante, lui fit don, par Acte du 19 Août 1688, de la Terre & Seigneurie de Grigneuseville, en Normandie (b). Il obtint aussi du Roi, le 20 du même mois d'Août, une Commission de *Capitaine d'une Compagnie de Chevaux Légers de nouvelle levée* (c) : étoit *Capitaine au Régiment de Cavalerie d'Orléans*, en 1689, que le 5 Décembre il en fit sa démission, en faveur du Chevalier de Chepy, son frere (d) : fut fait *Mestre-de-Camp-Lieutenant, au Régiment de Cavalerie d'Orléans*, par Commission à lui accordée, par le Roi, le 23 Juillet 1690; & reçu en cette Charge, par le Comte d'Auvergne, Colonel Général de la Cavalerie Légere, le 27 Novembre suivant (e). *Conrad* de Rosen, Lieutenant Général des Armées du Roi, & Mestre-de-Camp Général de la Cavalerie Légere de France, le confirma aussi dans cette Charge, par un ordre du 29 Mai 1693 (f). Il avoit fait un partage provisionel, avec ses freres & sœurs, des biens de leurs pere & mere, par Acte du 26 Janvier 1690 (g), qu'ils rendirent définitif, par autre Acte du 24 Mars 1699 (h). Il étoit *Brigadier des Armées du Roi*, en 1702, qu'il reçut, le 23 Décembre, une Lettre de Cachet du Roi, pour être employé, en cette qualité, dans l'Armée de Sa Majesté, commandée par le Maréchal Duc de Bouflers (i) : servit aussi, *sous ce titre*, en 1704, suivant une autre Lettre de Cachet du Roi, du 19 Mars, en l'Armée d'Italie, commandée par le Duc de Vendôme (k); qui, par une Lettre du 29 Décembre de la même année, lui marqua : « Qu'étant *le plus ancien Brigadier de l'Armée*, » c'étoit à lui à commander la Cavalerie; & que lui, Duc » de Vendôme, avoit donné ordre pour qu'il en fît le » service (l) ». *Nicolas-Antoine* de Grouches, Comte de

(a) Arch. de Grouches.
(b) *Ibid.*
(c) *Ibid.*
(d) *Ibid.*
(e) *Ibid.*
(f) *Ibid.*
(g) *Ibid.*
(h) *Ibid.*
(i) *Ibid.*
(k) *Ibid.*
(l) *Ibid.*

G

Généalogie de la Maison

Chepy, son frere, lui donna quittance pour son partage, le 17 Juillet 1708, ainsi que l'Abbé de Chepy, son autre frere, au même sujet, le 8 Novembre suivant (a) : & tous deux, moyennant une somme de 6400 liv. reçue comptant, lui firent cession, le 28 Mars 1710, du quart au total des sommes à eux appartenantes, en la succession du Marquis de Vandy, leur oncle, premier mari de *Marie-Gabrielle* de Grouches (b); laquelle, par Acte du 1er Juin 1711, lui fit don, comme son héritier présomptif, des Terres & Seigneuries de Grouches, de Retz-à-Coullon, & du Moulin de la Motte, en toute propriété, sauf l'usufruit de ce Moulin (c). Il transigea aussi avec ses freres & sœurs, le 12 Juin 1713, au sujet des propres maternels de la succession de *Marie-Charlotte* de Lamiré-de-la-Retz, leur niece, dont le projet de partage avoit été arrêté à Abbeville, dès le 16 Février 1706, entre lui & *Charles* de Lamiré, Chevalier, Seigneur de la Retz, aussi son oncle, & héritier de ses propres maternels (d) : mourut sans alliance, le 15 Octobre de la même année 1713, & fut inhumé, le 19 du même mois, au tombeau de ses ancêtres, en l'Eglise de Hupy (e). Il avoit fait un Testament olographe, en son Château de Hupy, étant sur le point de partir pour l'Armée d'Italie, le 14 Juin 1704, par lequel, entr'autres choses, il laissa le soin de ses funérailles au Chevalier de Chepy, son frere cadet, & disposa en faveur de ses deux enfans naturels (f), qui furent :

(a) Archiv. de Grouches.

(b) *Ibid.*

(c) *Ibid.*

(d) *Ibid.*

(e) *Ibid.*

(f) *Ibid.*

1 CHARLES-AUGUSTIN DE GROUCHES, *Bâtard de Grouches*, Seigneur de Limerville, ancien Capitaine au Régiment de Chepy, Cavalerie, Chevalier de l'Ordre Royal & Militaire de Saint-Louis, eut en don, par le Testament de *Charles-Augustin* de Grouches, son pere naturel, du 14 Juin 1704, la

de Grouches-de-Chepy.

fomme de 18000 liv. en fonds de terre, augmentée depuis, d'une autre fomme de 12000 liv; & vit encore, âgé de quatre-vingt cinq ans, en 1778.

Il fut marié, vers l'an 1737, à *N*. . . . le Blond-du-Plouy, fœur du Seigneur du Plouy, Maréchal des Camps & Armées du Roi; de laquelle il n'eut qu'une fille, morte fans poſtérité de fon mariage, avec *N*. . . . Seigneur de Buffu.

2 *N*. . . . *Bâtarde de Grouches*, étoit penſionaire en l'Abbaye de la Villette, près Paris, lors du Teſtament de fon pere, du 14 Juin 1704, qui lui fit don de 6000 liv.; ordonnant qu'elle ne fortiroit de fon Couvent qu'à vingt-quatre ans, pour la marier, fi elle n'avoit pas de vocation Religieuſe. Mais elle fit profeſſion en l'Abbaye de Willancourt d'Abbeville, & mourut, âgée de foixante-feize à foixante-dix-fept ans, en 1776.

2 CHARLES-AUGUSTIN DE GROUCHES, né le 1er Mars 1666, & baptiſé le 13 du même mois, en l'Egliſe Paroiſſiale de Saint-Sulpice de Hupy, eut pour parrain *Charles* Vicomte de Melun, & pour marraine, Madame de Frucourt (*a*),

(*a*) Arch. de Grouches.

3 NICOLAS-ANTOINE DE GROUCHES, Marquis de Gribauval & de Chepy, Seigneur de Grouches, qui fuit.

4 AUGUSTIN-EMANUEL DE GROUCHES, Abbé Commandataire de l'Abbaye de Saint-Meſmin de Mexy, Diocèſe d'Orléans, Prieur de Saint-Pierre de Vexins,

G ij

Généalogie de la Maison

(a) Arch. de Grouches.

(b) *Ibid.*

(c) *Ibid.*
(d) *Ibid.*

(e) *Ibid.*

(f) *Ibid.*
(g) *Ibid.*

(h) *Ibid.*

(i) *Ibid.*

(k) *Ibid.*

Seigneur en partie du Canal de Briare & de Seilhac près Blois, né le 3 Mai 1671, & baptisé en l'Eglise Paroissiale de Hupy, le 4 du même mois (a), fut destiné à l'Etat Ecclésiastique, par le Testament du 13 Janvier 1685, de sa mere, qui lui légua sa légitime (b). Il étoit Etudiant au Collège de la Marche à Paris, lorsque, sous l'autorité de *Charles* Charreton-de-la-Terriere, Abbé de Vexins, son oncle maternel, il fit, le 26 Janvier 1690, un partage provisionel avec ses freres & sœurs, des biens de leurs pere & mere (c), qu'ils confirmerent, comme définitif, le 24 Mars 1699 (d); & donna quittance de la somme de 2250 liv., pour sa portion en la succession des Boisjean, le 8 Novembre 1708, à son frere aîné (e), auquel il ceda encore, moyennant une certaine somme, par Acte du 28 Mars 1710, ce qui lui revenoit en la succession du Marquis de Vandy, leur oncle (f). Il donna aussi sa procuration, le 13 Avril 1713 (g), pour procéder, avec ses freres, au partage des propres maternels de la succession de *Marie-Charlotte* de Lamiré-de-la-Retz, leur niece, qui fut fait le 12 Juin suivant (h) : fit aussi avec eux, le 17 Novembre de la même année 1713, un Acte d'approbation du Testament de leur frere aîné, du 14 Juin 1704 (i) ; & fut présent au second mariage de *Charlotte-Gabrielle* de Grouches, sa niece, contracté avec le Marquis de Prunelé, le 12 Mars 1746 (k). Il mourut âgé de soixante-seize ans, au Château de Valliere en Beauce, le 8 Juillet 1749, & fut inhumé le lendemain, en l'Eglise Paroissiale de Notonville.

5 MARIE-ANNE DE GROUCHES, née le 20 Juillet 1658, fut tenue sur les Fonts Baptismaux, en l'Eglise de Saint-André-des-Arcs à Paris, par *Louis* Charreton, Chevalier, Seigneur de la Douze, Marquis de Marolles,

de Grouches-de-Chepy. 53

Préfident en la 1re Chambre des Requêtes du Palais, fon grand-oncle, & par *Marie* de Coulleur, fon ayeule maternelle (*a*). Elle eft nommée, avec fes freres, dans le Teftament du 13 Janvier 1685, de fa mere, qui lui fit des legs (*b*); & fut mariée en la Paroiffe de Saint-Sulpice de Hupy, le 22 Janvier 1686, à CLAUDE de Lamiré, Chevalier, Seigneur de la Retz, fils de *François* de Lamiré, Chevalier Seigneur du même lieu, & de *Marguerite* Flahault (*c*). Elle fit fon Teftament le 1er Mars 1690; & CLAUDE de Lamiré, fon mari, mourut avant le 16 Février 1706, que fes beaux-freres firent un état, qu'ils approuverent le 12 Juin de la même année 1713, au fujet des propres maternels de leur fille (*d*):

(*a*) Arch. de Grouches.

(*b*) *Ibid.*

(*c*) *Ibid.*

(*d*) *Ibid.*

1 MARIE-CHARLOTTE de Lamiré-de-la-Retz, qui fut inftituée héritiere, par le Teftament de *Marie-Anne* de Grouches, fa mere, du 1er Mars 1690, & mourut fans alliance, avant le 16 Février 1706, que *Charles* de Lamiré, Chevalier, Seigneur de la Retz, fon oncle, procéda au réglement du partage des propres paternels & maternels de fa fucceffion, avec le Marquis de Chepy, & fes freres & fœurs, auffi fes oncles & tante, fuivant la tranfaction ci-deffus, du 12 Juin 1713 (*e*).

(*e*) *Ibid.*

6 MARIE-FRANÇOISE DE GROUCHES, dite *Mademoifelle de Gribauval*, étoit Religieufe Cordéliere, lors du Teftament de fa mere, du 13 Janvier 1685, qui y fait mention d'elle.

7 JEANNE-MARIE DE GROUCHES, née vers les neuf heures du matin, le 9 Août 1667, fut baptifée le 11 du même mois, & eut pour parrain *Nicolas* de Fontaines,

Chevalier, Seigneur de Tully, Ramburelles, &c. & pour marraine, la Dame de Fayel (a). Elle étoit auſſi Religieuſe Novice en l'Abbaye de Willancourt, à Abbeville, lors du Teſtament de ſa mere, de 1685, qui l'y rappella; fit profeſſion en la même année ; devint Abbeſſe du Paraclet d'Amiens en 1721, & mourut dans ſon Abbaye, le 6 Juin 1744.

8 MARIE-ANTOINETTE DE GROUCHES, née & baptiſée le 4 Juillet 1672, eſt nommée, avec ſes freres & ſœurs, dans le Teſtament de leur mere, du 13 Janvier 1685; & fit un partage proviſionel avec eux, le 26 Janvier 1690 (b). Elle fut mariée, par Contrat du 20 Avril 1695, à NICOLAS du Chaſtelet, Chevalier, Seigneur de Moyencourt, Vadencourt, Saint-Romain, Famechon, &c. fils de défunt *François* du Chaſtelet, Chevalier, Seigneur de Moyencourt, & de *Catherine* de Preſteval. La célébration de leur mariage ſe fit en l'Egliſe Paroiſſiale de Saint-Sulpice de Hupy, le 27 Mai ſuivant (c) ; & ſon mari donna quittance, le 30 du même mois de Mai, pour la dot de ſa femme, à *Charles-Auguſtin* de Grouches, Marquis de Gribauval, ſon beaufrere (d). Elle eſt auſſi nommée, avec ſon mari, dans une procuration du 13 Avril 1713 (e); dans un Acte du 12 Juin ſuivant, faits au ſujet du partage des propres maternels de la ſucceſſion de *Marie-Charlotte* de Lamiré, leur niece (f); ainſi que dans un Acte du 17 Novembre de la même année 1713, portant reconnoiſſance du Teſtament de *Charles-Auguſtin* de Grouches, Marquis de Chepy, frere aîné de ſa femme, du 14 Juin 1704 (g); & ils firent un compte & partage définitif, avec *Nicolas-Antoine* de Grouches, Marquis de Chepy, ſon autre frere, touchant leurs droits en la ſucceſſion du même *Charles-Auguſtin* de Grouches, le 31 Janvier 1720 (h). NICOLAS du Chaſtelet,

(a) Arch. de Grouches.

(b) Ibid.

(c) Ibid.

(d) Ibid.
(e) Ibid.

(f) Ibid.

(g) Ibid.

(h) Ibid.

de Grouches-de-Chepy. 55

son mari, mourut sans postérité en 1718, & elle vivoit encore veuve le 30 Mai 1737, qu'elle assista au Contrat de mariage de *Jacques-Etienne* de Grouches, son neveu (*a*); & le 27 Avril 1738, qu'elle tint sur les Fonts-Baptismaux, en la Paroisse de Saint-Nicolas des Champs à Paris, *Antoine-Jean-Etienne* de Grouches, son petit neveu (*b*).

(*a*) Arch. de Grouches.

(*b*) Ibid.

XIII.

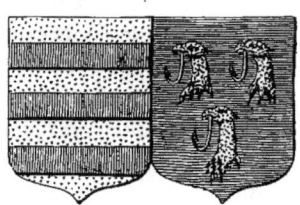

BECQUIN-D'ANGERVILLE. *D'azur à trois têtes d'aigle arrachées d'or, tenant chacune un hameçon sortant du bec d'argent.*

NICOLAS-ANTOINE DE GROUCHES, Chevalier, Marquis de Gribauval & de Chepy, Seigneur de Grouches, de Hupy, Saint-Maixens, Grebault, Retz-à-Coulon, de Caumout, Trenquie, Honicourt, Limeux, de Poultiere, de Grebaumesnil, &c. Maréchal des Camps & Armées du Roi, Chevalier-Commandeur, & Grand-Croix de l'Ordre Royal & Militaire de Saint-Louis, &c. naquit le 18, & fut baptisé le 23 Septembre 1668, en l'Eglise Paroissialle de Saint-Sulpice de Hupy, étant tenu sur les Fonts, par *Nicolas-Joachim* Rouault, Marquis de Gamaches, & *Marie-Françoise* de Grouches, Marquise de Lignieres (*c*). *Anne-Marie* Charreton, Marquise de Chepy, sa mere, lui légua 10000 liv. outre sa légitime, par son Testament du 13 Janvier 1685 (*d*). Il obtint d'abord une Commission de *Cornette*, en la Compagnie du Marquis de

(*c*) Archives de Grouches.

(*d*) Ibid.

Chepy, son frere aîné, au Régiment de Cavalerie d'Orléans, le 15 Janvier 1689 (a); fut ensuite *Mousquetaire à Cheval de la Garde du Roi*, & avoit servi en cette qualité, pendant deux mois & demi, le 13 Avril de la même année 1689, que le sieur Janvelle, Lieutenant Général des Camps & Armées de Sa Majesté, Capitaine de ses Mousquetaires à Cheval, lui en délivra un Certificat, avec son Congé absolu (b). Il obtint aussi une Commission du Roi, le 5 Décembre suivant, pour la Charge de *Capitaine au Régiment de Cavalerie d'Orléans*, en la place du Marquis de Chepy, son frere aîné, & fut reçu, en cette qualité, le 28 Janvier 1690, par le Comte d'Auvergne, Colonel Général de la Cavalerie de France (c). Le Roi lui accorda encore la Charge de *Lieutenant Colonel* au même Régiment, vacante par la retraite du sieur de Fremont, le 24 Janvier 1706 (d); & enfin le 19 Juillet 1708, il obtint celle de *Mestre-de-Camp a'un Régiment de Cavalerie* de son nom, sur la démission du sieur de Forbin, pour laquelle il prêta serment de fidélité, entre les mains du Commissaire ordinaire & Provincial des Guerres, au Comté de Bourgogne, le 19 Mai 1709; & en reçut aussi l'attache de *Louis* de la Tour-d'Auvergne, Comte d'Evreux, Colonel Général de la Cavalerie de France, le 24 Février 1715 (e). Il avoit fait dès le 26 Janvier 1690, étant émancipé & sous l'autorité de *Charles* Charreton-de-la-Terriere, Abbé de Vexins, son oncle maternel, un partage provisionel avec ses freres & sœur, des biens de leurs pere & mere (f), qu'ils ratifierent comme définitif, le 24 Mars 1699, en conséquence d'un Acte fait entr'eux, sous signature privée, le 27 Mai 1695 (g). *Charles-Augustin* de Grouches, Marquis de Chepy, son frere aîné, par son Testament olographe, du 14 Juin 1704, lui fit don de tout ce qui lui appartiendroit, lors de son décès, soit en propres, immeubles & meubles, sous certaines conditions (h); & il donna quittance, le 17 Juillet 1708, de la somme de 34600 liv. pour son partage de Cadet, au même

(a) Archiv. de Grouches.

(b) Ibid.

(c) Ibid.

(d) Ibid.

(e) Ibid.

(f) Ibid.

(g) Ibid.

(h) Ibid.

de Grouches-de-Chepy. 57

même Marquis de Chepy (*a*); auquel, moyennant une certaine somme, il fit aussi cession de tous ses droits en la succession du Marquis de Vandy, leur oncle, à cause de *Marie-Gabrielle* de Grouches, sa femme, par Acte du 28 Mars 1710 (*b*). Il procéda encore le 12 Juin 1713, tant en son nom, que comme fondé d'un pouvoir du 13 Avril précédent, d'*Emanuel-Augustin* de Grouches, Abbé de Chepy, son frere, avec leur frere aîné, & leur sœur, au partage des propres maternels de *Marie-Charlotte* de Lamiré-de-la-Retz, leur niece (*c*); & servoit au Camp devant Fribourg, le 10 Octobre suivant, qu'*Eleonor-François* Comte Palatin de Dio, Chevalier, Marquis de Montperoux, Maréchal de Camp Général de la Cavalerie Légere de France, lui délivra un cartouche portant ordre de le reconnoître & lui obéir, en qualité de *Mestre-de-Camp d'un Régiment de Cavalerie* (*d*). Le Marquis de Chepy, son frere aîné, étant mort, il transigea avec l'Abbé de Chepy, son autre frere, & *Marie-Antoinette* de Grouches, leur sœur, par Acte du 17 Novembre de la même année 1713, au sujet du Testament du 14 Juin 1704, du même Marquis de Chepy, dont ils consentirent l'entiere exécution, à la charge, par *Nicolas-Antoine* de Grouches, héritier principal de celui-ci, de payer à ses frere & sœur 500 liv. de pension viagere (*e*). Il fut maintenu dans sa Noblesse & ses priviléges de Gentilhomme, par Sentence de *Louis* de Bernage, Intendant de Picardie, du 7 Septembre 1716 (*f*); transigea aussi le 16 du même mois de Septembre, avec *Marie-Gabrielle* de Grouches, sa tante, au sujet des réparations qu'il avoit fait faire à ses dépens, aux deux moulins dépendans de la Terre de Grigneuseville (*g*); & fit encore un compte définitif le 31 Janvier 1720, avec *Marie-Antoinette* de Grouches, sa sœur, autorisée de *Nicolas* du Chastellet, Seigneur de Moyencourt, son mari, de leurs droits respectifs en la succession du Marquis de Chepy, leur frere aîné (*h*). Il avoit obtenu du Roi le Brevet de *Brigadier de Cava-*

(*a*) Archives de Grouches.

(*b*) *Ibid.*

(*c*) *Ibid.*

(*d*) *Ibid.*

(*e*) *Ibid.*

(*f*) *Ibid.*

(*g*) *Ibid.*

(*h*) *Ibid.*

H

(a) Archives de Grouches. lerie, le 1ᵉʳ Février 1719 (a); & reçut trois Lettres de Cachet de Sa Majesté; l'une du 8 Août 1727, pour être employé, en cette qualité, auprès des Troupes qui devoient camper le 25 du même mois, aux ordres du Prince de Montmorency-Tingry, Lieutenant Général; l'autre du 15 Avril 1730, pour être employé de même, auprès de ce Général, dans les Troupes campées sur la Sambre; & la 3ᵐᵉ du 6 Octobre 1733, pour servir aussi, sous ce titre, en l'Armée d'Italie, au commandement du Duc de Villars, sous les ordres du Roi de Sardai-

(b) Ibid. gne (b). Les services importans qu'il avoit rendu au Roi, dans ces différentes campagnes, lui méritèrent le Brevet de *Maréchal de Camp*, que Sa Majesté lui octroya le 1ᵉʳ Août 1733,

(c) Ibid. avec des provisions de *Commandeur de l'Ordre Royal & Militaire de Saint-Louis*, & une pension de 3000 liv. (c). Il stipula au Contrat de mariage de *Charlotte-Gabrielle* de Grouches, sa fille, avec *Jean-Louis* de Lestendart, Marquis de Bully, le 30 Avril 1737; à celui de *Jacques-Etienne* de Grouches, son fils, le 30 Mai suivant; ainsi qu'à celui de *Marie-Geneviève-Nicole-Gabrielle*

(d) Ibid. de Grouches, son autre fille, avec *René* de Sacquespée, Seigneur de Thesy, le 6 Mai 1742 (d). La Terre & Seigneurie de Gribauval étant sortie, depuis longues années, de sa maison, il obtint encore de nouvelles Lettres du Roi, datées de Versailles au mois de Septembre 1748, qui furent enregistrées dans les Cours Souveraines & autres, pour la commutation du nom de son Marquisat de Gribauval, en celui de *Marquisat*

(e) Ibid. *de Chepy* (e). Il mourut le 25 Avril 1751, vers une heure après minuit, en son Château de Hupy, & fut inhumé le 28 du même mois, dans le Chœur de l'Eglise Paroissiale de Saint-

(f) Ibid. Sulpice du même lieu, au tombeau de ses ancêtres (f).

Il avoit épousé, par Contrat, fait en présence de *Jean-François* de Crecy, Chevalier, Seigneur de de Wiquenghem, & de *Louis* de Fontaines, Chevalier, Seigneur de Cormont,

de Grouches-de-Chepy.

ses cousins, le 10 Juin 1705, MARIE-GENEVIÈVE Becquin-d'Angerville, fille unique de défunt *Pierre-François* Becquin, Seigneur d'Angerville, Conseiller-Magistrat en la Sénéchaussée & Présidial d'Abbeville, & de *Geneviève* le Blond; assistée de *Claude-François* le Blond, Écuyer, Seigneur du Plouy, son oncle maternel, & d'autres Gentilshommes, ses parens (*a*). La célébration de leur mariage fut faite le lendemain 11 Juin, en l'Église Paroissiale de Saint-Sulpice de Hupy (*b*). Elle est nommée avec son mari, dans la transaction énoncée ci-dessus, qu'il fit, se faisant fort d'Elle, avec *Marie-Gabrielle* de Grouches, sa tante, le 26 Septembre 1716 (*c*); ainsi que dans les Contrats de mariage de *Jacques-Étienne* de Grouches, leur fils, du 30 Mai 1737, & dans ceux de leurs filles des 30 Avril de la même année 1737, & 6 Mai 1741, auxquels elle assista avec lui, & le survécut. *Jules-Étienne-Honoré*, Marquis de Prunelé, son gendre, lui donna quittance, au sujet de la dot de *Charlotte-Gabrielle* de Grouches, sa femme, le 8 Août 1754 (*d*). Elle fit don d'une rente de 1000 l. au principal de 10000 l. à *Marie-Geneviève-Gabrielle-Nicolle* de Grouches, & à *René* de Sacquespée, Marquis de Thesy, son mari, le 16 Janvier 1758 (*e*); & le Marquis de Prunelé lui donna encore quittance, au sujet de la dot de sa femme, le 10 Mai 1759 (*f*). Elle fit son Testament le 4 Mars 1762, par lequel, entr'autres dispositions, elle ordonna sa sépulture en l'Église de Hupy, au tombeau de son mari; fit divers legs pieux & aumônes, & nomma pour exécuteur de ses volontés, *Antoine-Jean-Étienne* de Grouches, Marquis de Chepy, son petit fils (*g*). Elle mourut le 5 Mars 1763, & fut inhumée le 8, en l'Église Paroissiale de Hupy (*h*).

(*a*) Archives de Grouches.
(*b*) *Ibid.*
(*c*) *Ibid.*
(*d*) *Ibid.*
(*e*) *Ibid.*
(*f*) *Ibid.*
(*g*) *Ibid.*
(*h*) *Ibid.*

Ils laisserent de leur mariage:

1. CHARLES-NICOLAS DE GROUCHES, Marquis de Chepy, &c. né au mois de Mars 1706, obtint, dès le

H ij

Généalogie de la Maison

30 Mars 1619, une Commission du Roi, pour la Charge de *Capitaine d'une Compagnie de Cavalerie*, au Régiment de Chepy, vacante par la démission du sieur de Joyeuse; & fut reçu en cette Charge, par *Louis* de la Tour, Comte d'Evreux, Colonel Général de la Cavalerie de France, le 10 Avril suivant (*a*). Il mourut sans alliance, âgé d'environ dix-sept ans, le 13 Septembre 1723, & fut inhumé le 15 du même mois, en l'Eglise de Saint-Sulpice de Hupy, au tombeau de ses ancêtres (*b*).

(*a*) Archiv. de Grouches.

(*b*) Ibid.

2 JACQUES-ETIENNE DE GROUCHES, Marquis de Chepy, Seigneur de Grouches, qui suit.

3 ANTOINE-CHARLES-GABRIEL DE GROUCHES, né le 7 Septembre 1714, fut baptisé en la Paroisse Saint-Sulpice de Hupy, le 11; mourut le 12, & fut inhumé le 13 du même mois de Septembre, en la même Eglise (*c*).

(*c*) Ibid.

4 MARIE-GENEVIEVE-GABRIELLE-NICOLE DE GROUCHES, baptisée en la Paroisse de Saint-Gilles d'Abbeville, au mois d'Août 1715, assista au Contrat de mariage de *Jacques-Etienne* de Grouches, son frere, fait le 30 Mai 1737; & fut mariée par Contrat, fait en présence de ses pere & mere, le 6 Mai 1742, à RENÉ de Sacquespée, Chevalier, Seigneur de Thesy, Berthaucourt-lès-Thermes, de Fouencamps, Noirmont, Fercourt, &c. Chevalier de l'Ordre Royal & Militaire de Saint-Louis, Maréchal des Logis de la seconde Compagnie des Mousquetaires de la Garde du Roi, à cheval, puis Mestre-de-Camp de Cavalerie, fils de défunts *René* de Sacquespée, Chevalier, Seigneur des mêmes Terres, & de *Marie-Charlotte* de Chambly (*d*). La célébration de leur mariage se fit, en l'Eglise Paroissiale de Saint-Sulpice de Hupy, le

(*d*) Ibid.

de Grouches-de-Chepy. 61

lendemain 7 Mai (*a*). *Marie-Geneviève* Becquin-d'Anger-   (*a*) Archives de Grouches.
ville, sa mere, lui fit don, par Acte du 26 Janvier 1758,
où son mari est qualifié *Mestre-de Camp de Cavalerie*, d'une
partie de 1000 liv. de rente (*b*); & d'une somme de   (*b*) *Ibid.*
15000 liv., par son Testament du 4 Mars 1762 (*c*). Ils ont   (*c*) *Ibid.*
eu plusieurs enfans de leur mariage.

5 CHARLOTTE-GABRIELLE DE GROUCHES, Dame
de Grigneuseville, née le 9 Juillet 1719, reçut le suplement des cérémonies de son baptême, en l'Eglise de Saint-
Sulpice de Hupy, le 5 Janvier 1726 (*d*); & fut mariée   (*d*) *Ibid.*
1°, par Contrat, fait en présence de ses pere & mere, le
30 Avril 1737 (*e*), à JEAN-LOUIS de Lestendart, Marquis   (*e*) *Ibid.*
de Bully, de Saint-Martin, &c. Gouverneur de Neufchâtel
en Normandie, & ci-devant de la ville de Menin en
Flandres. La célébration de ce mariage fut faite le lendemain, en la Paroisse de Saint-Sulpice à Paris (*f*). Il fut   (*f*) *Ibid.*
présent, le 30 Mai de la même année 1737, à celui de
Jacques-Etienne de Grouches, son beau-frere; & mourut
sans postérité.

Elle fut mariée 2°, par Contrat du 12 Mars 1746 (*g*),   (*g*) *Ibid.*
à JULES-ETIENNE-HONORÉ de Prunelé, Baron de Saint-
Germain-le-Desiré, Baron Chastelain de Molitard, Seigneur de Valieres, de Moleans, &c. né le 16 Mai 1722,
fils unique de défunts *Jules-Césaire* Marquis de Prunelé,
& d'*Antoinette* Pailhes. Il donna quittance, pour la dot
& les droits de sa femme, en la succession de son pere,
à *Marie-Geneviève* de Becquin-d'Angerville, sa belle-mere,
le 8 Août 1754; quittance que CHARLOTTE-GABRIELLE
de Grouches, sa femme, ratifia le 11 Novembre suivant;
& il donna encore une autre quittance, pour restant de
cette dot, le 10 Mai 1759 (*h*). Elle eut aussi une somme   (*h*) *Ibid.*

62 *Généalogie de la Maison*

(a) Atch. de Grouches.

de 4000 liv., par le Testament de sa mère, du 4 Mars 1761 (a).

Ils ont eu de leur mariage :

1 JULES-ANTOINE-EMANUEL de Prunelé, né le 25 Mai 1748.

2 JULES-HENRY de Prunelé, né le 15 Mars 1751, est Officier au Régiment des Gardes-Françoises.

3 CHARLOTTE-GABRIELLE de Prunelé, née le 13 Mars 1747, fut mariée en 176. à N. . . . , Marquis de Soisy, Maréchal des Camps & Armées du Roi.

6 HELENE-AUGUSTINE-ANGELIQUE DE GROUCHES, née le 5 Mai 1726, fut baptisée en l'Eglise de Hupy, le 7; & mourut le 28 du même mois de Mai (b).

(b) Ibid.

XIV.

OURSIN. *D'azur au chevron d'or, accompagné en chef de deux étoiles & en pointe d'un croissant surmonté d'un oiseau, aussi d'or, au chef d'argent.*

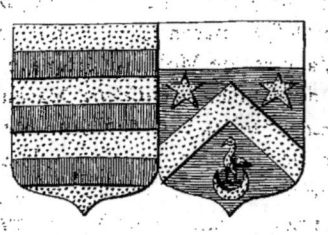

JACQUES-ETIENNE DE GROUCHES, Chevalier, Marquis de Chepy, Seigneur de Grouches, de Hupy, &c. Maréchal des Camps & Armées du Roi, né le 29 Novembre 1707, & baptisé le même jour, en la Paroisse de Saint-Gilles d'Abeville (*a*), fut nommé *Mestre-de-Camp* du Régiment de Chepy, sur la démission de *Nicolas-Antoine* de Grouches, son pere, en 1728; & reçut ordre du Roi, le 7 Août de la même année, qui lui enjoignit de se rendre incessamment à ce Régiment, pour y prendre possession de sa Charge, en attendant sa Commission (*b*). Il étoit encore *Mestre-de-Camp* de ce Régiment, le 14 Mai 1737, qu'il déclara renoncer à toute action & demande, touchant la Terre de Grigneuseville, donnée, de son consentement, en mariage, à *Charlotte-Gabrielle* de Grouches, sa sœur, pour 45000 liv., par *Nicolas-Antoine* de Grouches, Marquis de Chepy, leur pere (*c*). Il est titré *Maréchal des Camps & Armées du Roi*, dans les Lettres données par Sa Majesté à Versailles, au mois de Septembre 1748, pour la commutation du nom du Marquisat de *Gribauval*, en celui de *Chepy*, où il est aussi parlé de ses services, tant à la tête de son Régiment, que dans différents grades militaires (*d*). Il mourut en son Hôtel à Paris, le 21 Juillet 1750, âgé d'environ 43 ans, & fut inhumé le lendemain, en l'Eglise de Saint-Sulpice, sa Paroisse (*e*).

(*a*) Arch. de Grouches.

(*b*) *Ibid.*

(*c*) *Ibid.*

(*d*) *Ibid.*

(*e*) *Ibid.*

Il avoit épousé, par Contrat du 30 Mai 1737, fait en présence de ses pere & mere, MARIE-AVOYE Oursin, fille de *Jean* Oursin, Ecuyer, Conseiller-Secrétaire du Roi, Maison & Couronne de France & de ses Finances, Receveur Général des Finances de Caen, & de *Catherine* Allen, qui y stipulerent pour elle (*f*). Etant restée veuve, elle se remaria, par Contrat du 31 Juillet 1751 (*g*), à HELIE-GUILLAUME Gallucci-de-l'Hôpital, Comte de Sainte-Mesme, fils de feû *Helie-Guillaume* Gallucci, Comte de l'Hôpital, Seigneur de Sainte-Mesme, & de *Marie-Anne* Huart, sa veuve: & la célébration de ce mariage se fit, en l'Eglise Saint-Sulpice à Paris, le 5 Août suivant (*h*). Elle survecut encore son second mari; mourut à Paris le 29 Janvier

(*f*) *Ibid.*

(*g*) *Ibid.*

(*h*) *Ibid.*

64 *Généalogie de la Maison*

1772, & fut enterrée le lendemain, en l'Eglife Paroiffiale de Saint-Sulpice (*a*).

(*a*) Archiv. de Grouches.

Elle eut de fon premir mariage, un fils unique :

1 ANTOINE-JEAN-ETIENNE DE GROUCHES, Marquis de Chepy, qui fuit.

XV.

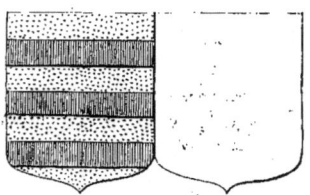

ANTOINE-JEAN-ETIENNE DE GROUCHES, Chevalier, Marquis de Chepy, Seigneur de Grouches, de Hupy, &c. né le 26, & baptifé le 27 Avril 1738, en la Paroiffe de Saint-Nicolas-des-Champs, à Paris (*b*); a fervi dans les Chevaux-Légers de la Garde du Roi, & vit encore fans alliance en 1778.

(*b*) *Ibid.*

§. I.

§. I.

SEIGNEURS DE MORCOURT, ET DE BACOUEL.

VIII.

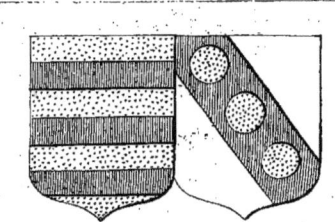

AUMALE.
D'argent à la bande de gueules, chargée de trois befans d'or.

NICOLAS DE GROUCHES, Seigneur de Morcourt, du Luat, &c. Chevalier de l'Ordre du Roi, & l'un des cent Gentilhommes de la Maison de Sa Majesté, (second fils de *Jacques* de Grouches, Seigneur de Grouches, de Gribauval, &c. & de *Jeanne* de Rubempré, mentionés ci-devant) est rappellé dans le Testament du 3 Novembre 1531, de sa mere, qui lui fit un legs (a); & partagea avec *François* de Grouches, Seigneur de Gribauval, son frere aîné, les biens de leurs pere & mere, par Acte du 15 Septembre 1545 (b). Il obtint Sentence du Bailly de Valois, le 20 Juillet 1553, qui, en entérinant les Lettres du Roi, du 17 du même mois, l'exempta du service

(a) Archiv. de Grouches.

(b) Ibid.

Généalogie de la Maison

personnel, & de la contribution au ban & arriere-ban du Duché de Valois (a) : & le Bailly de Senlis prononça une pareille exemption, en sa faveur, par sa Sentence du 17 Mai 1554 (b). Il est qualifié *l'un des cent Gentilhommes de la Maison du Roi*, dans une autre Sentence du même Lieutenant Général au Duché de Valois, rendue le 5 Juin 1565, entre lui & *Henry* de Grouches, Seigneur de Gribauval, son neveu, touchant une certaine rente que celui-ci fut condamné de lui payer (c); & il est aussi mentionné en l'arriere-ban de Peronne, de l'an 1568. Ayant été nommé en 1569, *Chevalier de l'Ordre de Saint-Michel, pour ses vertus, vaillances & merites*, suivant l'expression du Roi CHARLES IX, Sa Majesté lui en donna avis, par une Lettre datée du Camp de Luret, près Saint-Jean-d'Angely, du 23 Novembre; & lui marqua qu'Elle chargeoit le sieur de Rasse, de le recevoir en cet Ordre, & de lui en présenter le Collier (d). Il prêta serment, en conséquence, le 8 Janvier 1570 (e). *Claude de Girard*, veuve de *Henry* de Grouches, Seigneur de Gribauval, son neveu, le nomma exécuteur de son Testament du 23 Octobre 1572 (f); & il assista au mariage de *Marie* de Grouches, sa petite-niece, contracté avec *François* de Paillart, Gentilhomme Ordinaire du Roi, & du Roi de Navarre, le 6 Juillet 1576 (g).

(a) Archiv. de Grouches.
(b) Ibid.
(c) Ibid.
(d) Ibid.
(e) Ibid.
(f) Ibid.
(g) Ibid.

Il avoit épousé FRANÇOISE d'Aumale, fille de *Jean* d'Aumale, Chevalier, Seigneur de Nancel, de Wezaponin, de Ramicourt, de Haudrechies, Bouillencourt, &c. & de *Florence* de Blecourt ; de laquelle il eut pour enfans :

1 FRANÇOIS DE GROUCHES, Seigneur de Morcourt, qui suit.

de Grouches-de-Chepy. 67

2 ANNE DE GROUCHES, fut mariée avec CHARLES de Bethify, Ecuyer, Seigneur du Freftoy, près Montdidier, fils d'autre *Charles* de Bethify, Seigneur du Freftoy, & de *Catherine* de Malfault. De leur mariage, vint entr'autres enfans:

1 CHARLES de Bethify, Ecuyer, Seigneur du Freftoy, &c. qui a laiffé poftérité.

IX.

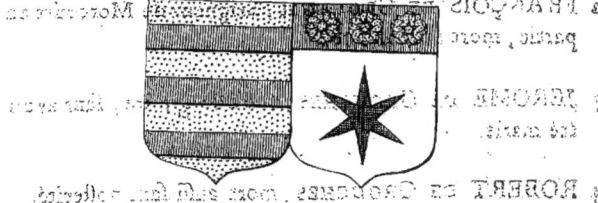

DE PAILLART.
D'argent à une étoile à fix raies de fable, au chef de gueules, chargé de trois rofes d'or.

FRANÇOIS DE GROUCHES, Chevalier, Seigneur de Morcourt, du Luat, de Covigny, &c. Gentilhomme Ordinaire de la Chambre du Roi, affifta, avec fon pere, le 6 Juillet 1576 (a), au Contrat de mariage de *François* de Paillart, Chevalier, fon beau-frere, avec *Marie* de Grouches, fille de *Henry* de Grouches, Seigneur de Gribauval & de Grouches, coufin-germain du Seigneur de Morcourt; lequel mourut avant l'an 1603, & fut enterré en l'Eglife de Morcourt.

(a) Archives de Grouches.

Il avoit épousé, avant l'an 1576, CHARLOTTE de Paillart, Dame de Bacouel, de Fay, du Mefnil, &c., fœur de *François*

I ij

de Paillart, Seigneur de Bonvilliers & de Chocqueufe, & fille de *Jean* de Paillart, Seigneur de Chocqueufe, de Bonvilliers, &c. Chevalier de l'Ordre du Roi, Gentilhomme Ordinaire de fa Chambre, Gouverneur pour Sa Majefté, de Beauvais & Beauvoifis, & de *Jeanne* de Ravenel. Elle vivoit veuve le 21 Février 1603, qu'elle fit, par un fondé de pouvoir, une obligation à *Anne* de Billy, conjointement avec *Antoine* de Grouches, fon fils aîné (a); & eut de fon mariage :

(a) Arch. de Grou-ches.

1 ANTOINE DE GROUCHES, Seigneur de Morcourt & de Bacouel, qui fuit.

2 FRANÇOIS DE GROUCHES, Seigneur de Morcourt en partie, mort fans alliance.

3 JEROME DE GROUCHES, tué à la guerre, fans avoir été marié.

4 ROBERT DE GROUCHES, mort auffi fans poftérité.

5 MARIE DE GROUCHES, &

6 LOUISE DE GROUCHES, dont on ne trouve que les noms.

X.

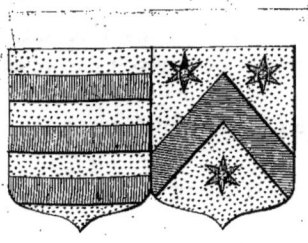

DE PARDIEU.
D'or, au chevron d'azur, accompagné de trois molettes de gueules.

ANTOINE DE GROUCHES, Chevalier, Seigneur de Morcourt, de Bacouel, Vicomte de Bourgon, &c. jouissoit de ses droits, dès le 21 Février 1603, qu'avec *Jean* Seneschal, Prêtre, Curé de Morcourt, fondé de pouvoir de *Charlotte* de Paillart, sa mere, veuve de *François* de Grouches, Seigneur de Morcourt, il reconnut devoir à *Anne* de Billy, veuve d'*Antoine* de Saint-Pol, & tutrice de ses enfans, une rente de 375 liv., constituée par Acte du 17 Février 1598, avec les arrérages; pour raison de laquelle rente il y avoit eu procès entr'eux, dont ils se désisterent. (*a*). Il fut choisi pour arbitre du partage définitif, fait entre *Jean* de Grouches, Baron de Chepy, & *Pierre* de Grouches, Seigneur de Gribauval, freres, ses cousins, le 24 Février 1624 (*b*) : assista au mariage du même *Jean* de Grouches, contracté le 16 Septembre 1628, avec *Marie* de Fontaines (*c*) ; & fit, comme son fondé de pouvoir, & de *Gabrielle* de la Rade, Dame de Tully, veuve de *Jacques* de Fontaines, Seigneur de Ramburelles, belle-mere du Baron de Chepy, & autres, ses parens, le 2 Août 1630, un Contrat de constitution de rente (*d*), au sujet de laquelle il intervint Sentence au Baillage d'Amiens, le 9 Avril 1631, où il est aussi nommé (*e*).

(*a*) Arch. de Grouches.

(*b*) Ibid.

(*c*) Ibid.

(*d*) Ibid.

(*e*) Ibid.

Il avoit épousé MAGDELENE de Pardieu, fille d'*Adrien* de Pardieu, Chevalier, Seigneur de Maucomble, &c. & de *Marguerite* de Buffy; de laquelle il laiffa :

1 JEAN DE GROUCHES, Chevalier, Seigneur de Bâcouel, de Morcourt, &c. vivoit encore en 1670.

2 CHARLOTTE DE GROUCHES :

3 CATHERINE DE GROUCHES :

4 CLAUDE DE GROUCHES ; &

5 MARIE DE GROUCHES, dont on ne connoît que les noms.

TABLE
DES ALLIANCES.

A.
	pages
Aspremont,	43
Aumale,	66

B.
Bacles,	15
Bayencourt,	4, 8
Bec-de-Vardes,	42
Becquin-d'Angerville,	59
Bethify,	67
Blond-de-Plouy,	51

C.
Camberon,	3
Charreton-de-la-Terriere,	47
Chastelet,	54

E.
Espinay-Saint-Luc,	19
Essars (des),	37

F.
Fontaines,	42
Framezelles,	5

G.
Girard,	23
Gribauval,	6

H.
Humblieres,	14

L.
Lamiré,	53
Lanvin,	19
Lestendart,	61

M.
	pages
Maretz (des),	10
Mesgut,	7
Mons,	15
Montenay,	18
Montmorency,	26
Mornay,	27

O.
Oursin,	63
Ozanne,	44

P.
Paillart,	25, 67
Pardieu,	70
Prunelé,	61

R.
Renty,	14
Riviere (la),	34
Roncherolles,	47
Rond,	10
Rouault,	36
Rubempré,	12

S.
Sacquespée,	60
Sainte-Aldegonde,	37

W.
Wambourg,	9

TABLE I.

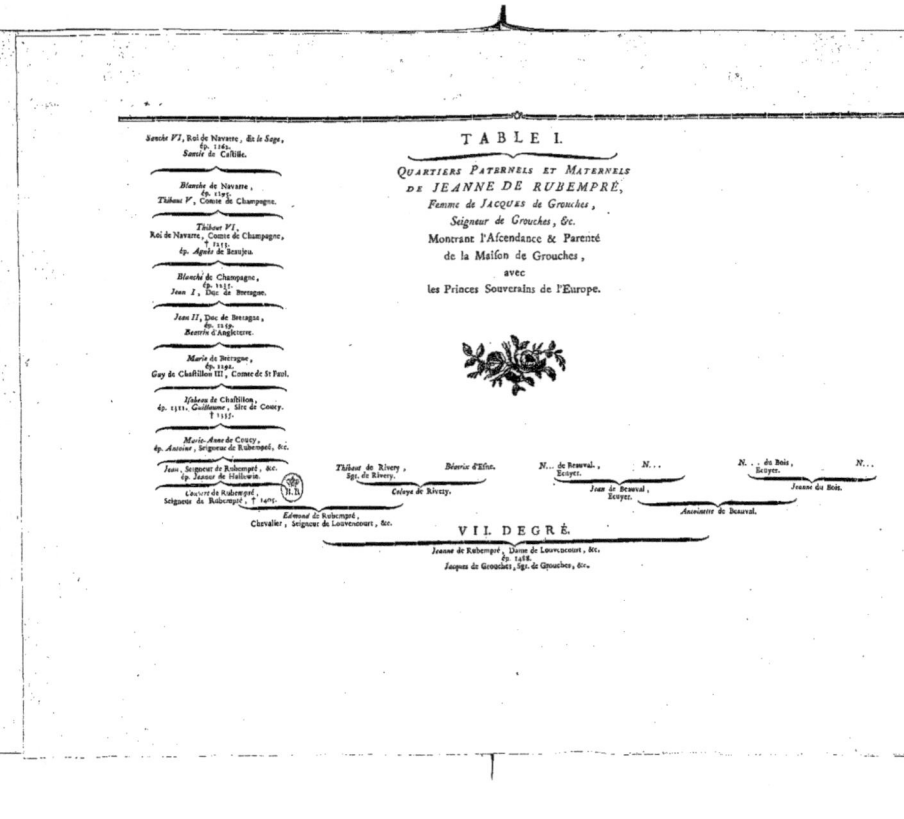

TABLE I.

QUARTIERS PATERNELS ET MATERNELS DE JEANNE DE RUBEMPRÉ, Femme de JACQUES de Grouches, Seigneur de Grouches, &c. Montrant l'Ascendance & Parenté de la Maison de Grouches, avec les Princes Souverains de l'Europe.

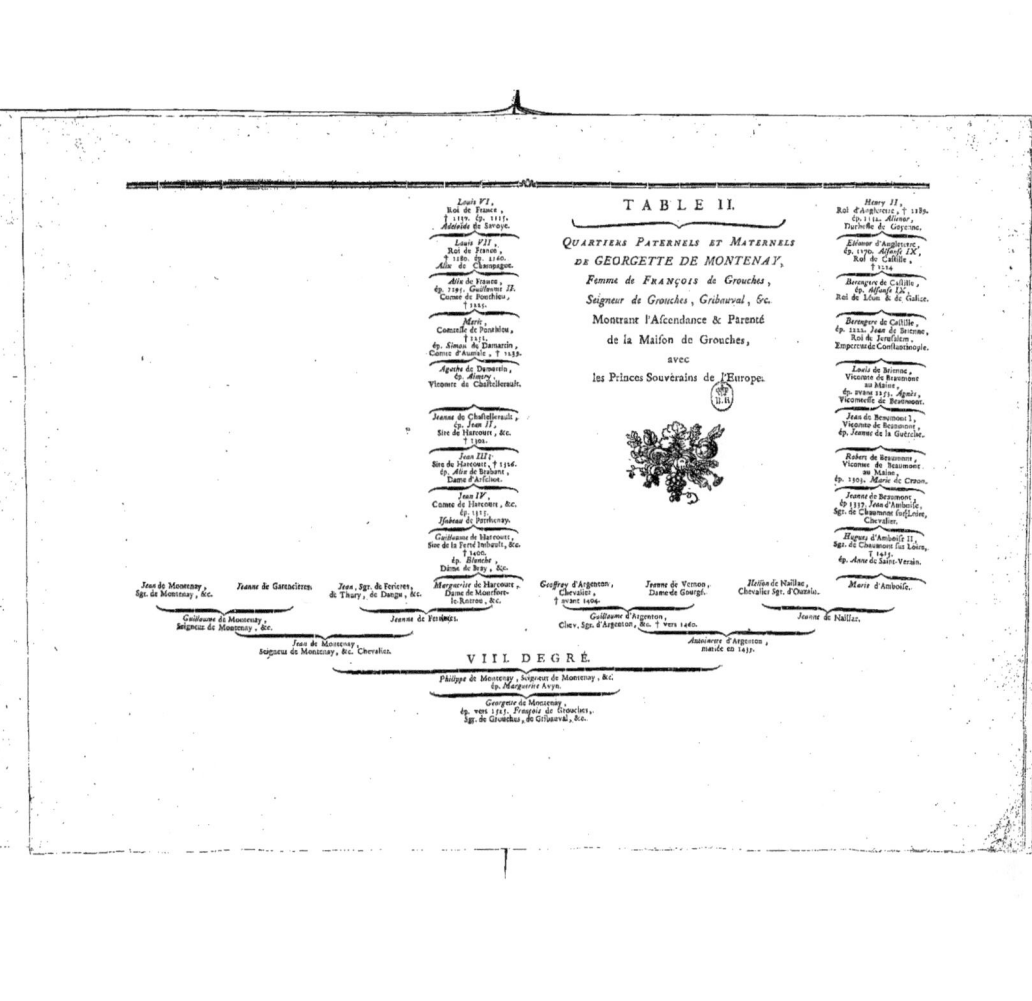

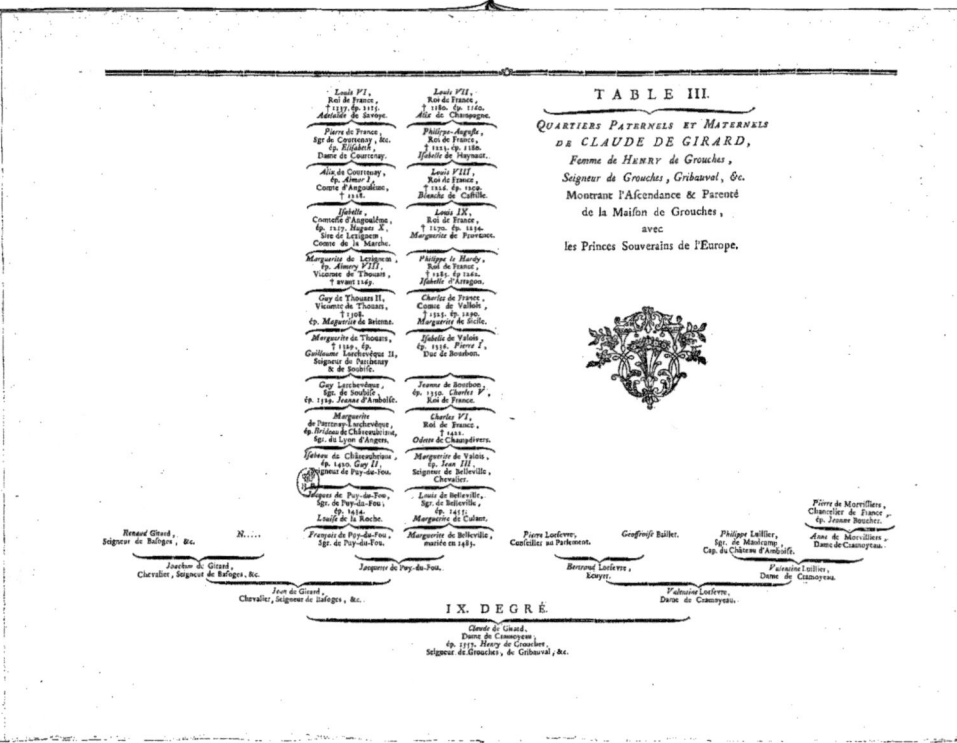

TABLE IV.

QUARTIERS PATERNELS ET MATERNELS
d'ANNE DE LA RIVIERE,
Femme de *ROBERT de Grouches* IIe.
Seigneur de Grouches, Gribauval, &c.
Montrant l'Ascendance & Parenté
de la Maison de Grouches,
avec
les Princes souverains de l'Europe.

Louis VI, Roi de France, † 1137. ép. 1115. Adelaïde de Savoye.	Alix de France, (fille de Louis VII & Adèle de Champagne) ép. 1191. Guillaume II, Comte de Ponthieu, † 1221.			Louis VIII, Roi de France, † 1226. ép. 1200. Blanche de Castille.
Robert de France, Comte de Dreux, † 1188. ép. 1152. Agnès de Baudemont.	Marie, Comtesse de Ponthieu, † 1251. ép. Simon de Dammartin, Comte d'Aumale, † 1239.			Louis IX, Roi de France, † 1270. ép. 1234. Marguerite de Provence.
Robert II, Comte de Dreux, † 1129. ép. 1184. Jolend de Coucy.	Jeanne de Dammartin, Comtesse de Ponthieu, † 1279. ép. Jean de Nesle III. Seigneur de Falvy.			Philippe le Hardy, Roi de France, † 1285. ép. 1262. Isabelle d'Aragon.
Robert III, Comte de Dreux, † 1233. ép. 1210. Ænor de Saint-Vallery.	Jeanne de Nesle-Falvy, † 1280. ép. Guillaume de Béthune III. Chev. Sgr. de Locres.			Philippe le Bel, Roi de France, † 1314. ép. 1284. Jeanne, Reine de Navarre.
Robert de Dreux, Seigneur de Beu, ép. 1261. Isabelle de Villebeon.	Guillaume de Béthune IV. Chev. Sgr. de Locres, † 1340. ép. Marie du Roye.			Philippe le Long, Roi de France, † 1322. ép. 1306. Jeanne de Bourgogne.
Isabelle de Dreux-Beu, ép. 1281. Gaucher de Châtillon, Comte de Porcean, Connétable de France.	Jean de Béthune dit de Locres, Seigneur de Vandeuil, &c. † 1373. ép. 1351. Jeanne de Coucy.			Marguerite de France, ép. 1320. Louis II, Comte de Flandres, †.1346.
Jean de Châtillon, Seigneur de Châtillon, † 1363. ép. 1331. Eléonore de Roye.	Jeanne de Béthune, ép. Jean de Roye, Seigneur d'Aunoy, † 1395.			Louis III, Comte de Flandres, † 1385. Vve de Liew.
Gaucher de Châtillon I. Seigneur de Châtillon, † 1377. ép. Allemande d'Oue-de-Ravel.	Jeanne de Roye, ép. 1395. Jean IV, Sire de Crequy, † 1411.			Jean de Flandres I, Sgr. de Drinckam, † 1396. ép. Guillemette de Nivelle.
Gaucher de Châtillon II. Seigneur de Châtillon, † 1431. ép. Jeanne Cassinel.	Jeanne de Crequy, ép. Jean de la Tremoille, Seigneur de Dours, &c.			Jean de Flandres II, Sgr. de Drinckam, ép. Isabeau de Châtelles.
Jean de Châtillon, Seigneur de Châtillon, &c. † 1441. ép. Blanche de Gamaches.	Jeanne de la Tremoille, † 1448. Josse de Hallewin, Seigneur de Pienoes, &c.			Jacques de Flandres, Chev. Sgr. d'Aloembove, † 1472. ép. Guillemine de Ruenbeke.
Marguerite de Châtillon, ép. Pierre I. Sgr. de Roucherolles, &c.	Louis de Hallewin, Seigneur de Pienoes, &c. ép. Jeanne de Ghistelles.			Simon de Flandres, Seigneur de Bamberke, ép. Marguerite de Wiffoc.
Jean de la Riviere, Marguerite de Beufresaie, Seigneur de la Riviere, &c. Dame de Clepy.	Louis de Roucherolles, Françoise de Hallewin, Baudois de Toruffles, Casevier de Liettes, Denis de St. Omer, Marguerite de Heudeser-Drinckam, Baron de Font St Pierre, &c. Sgr. de Toruffles & de Hupy. Seigneur de Houdecourtes. Dame de Bamberke. † 1516.			
	Jean de la Riviere, Sgr. de Clepy, &c. Marie de Roucherolles. Louis de Toruffles, Sgr. de Hupy, &c. Françoise de Toruffles, Susanne de St. Omer. Dame de Hupy, &c.			
	Adrien de la Riviere, Seigneur de Clepy, Chevalier de l'Ordre du Roi.			

X. DEGRÉ.

Anne de la Riviere,
Dame de Clepy, ép. 1586.
Robert de Grouches II,
Seigneur de Gribauval, de Gribauval, &c.

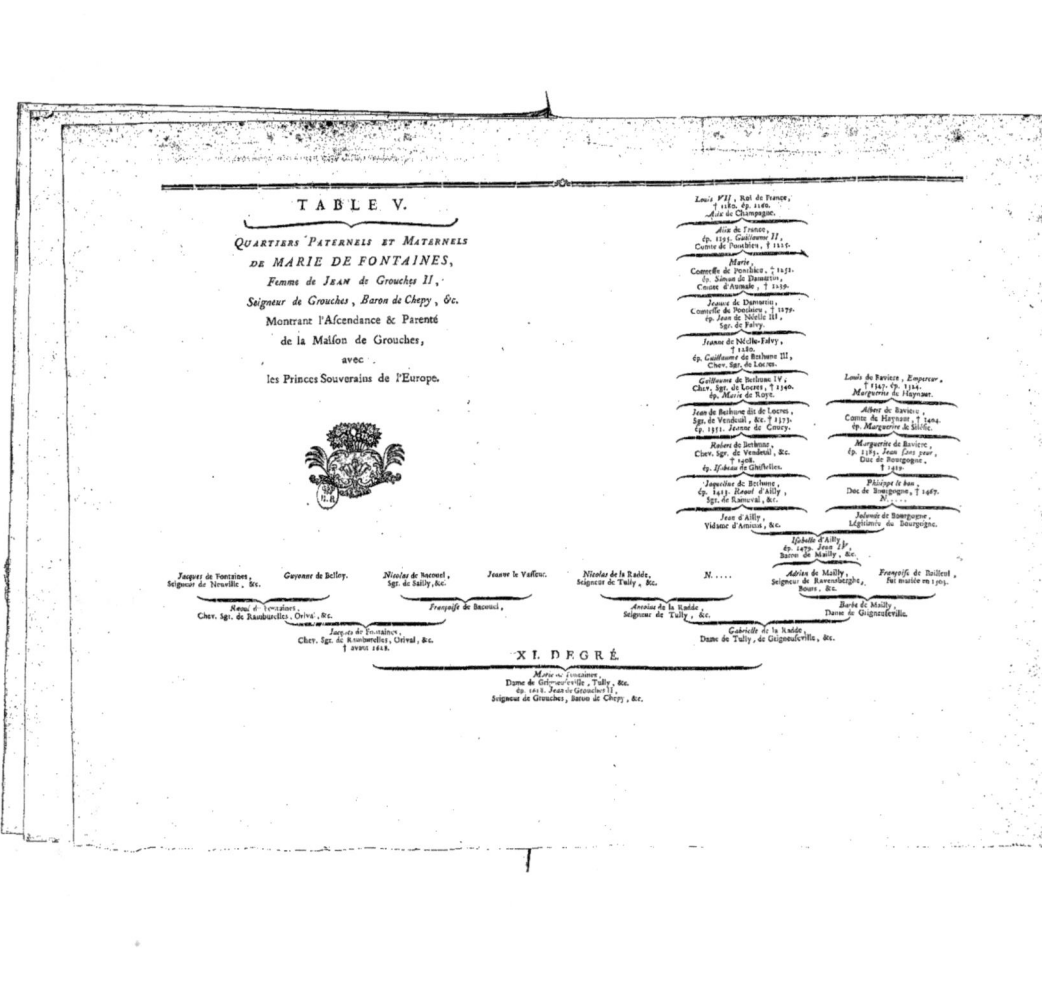

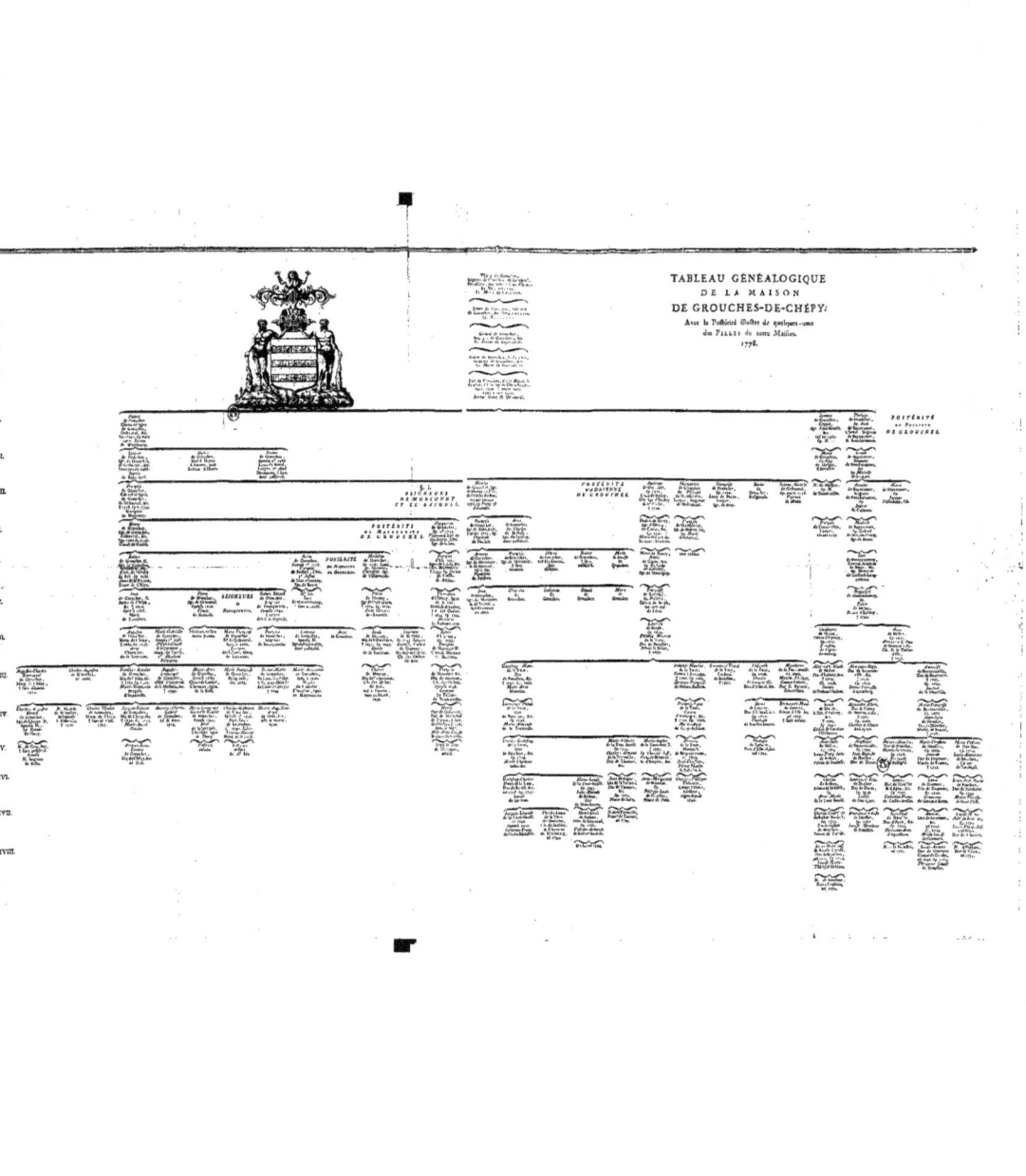

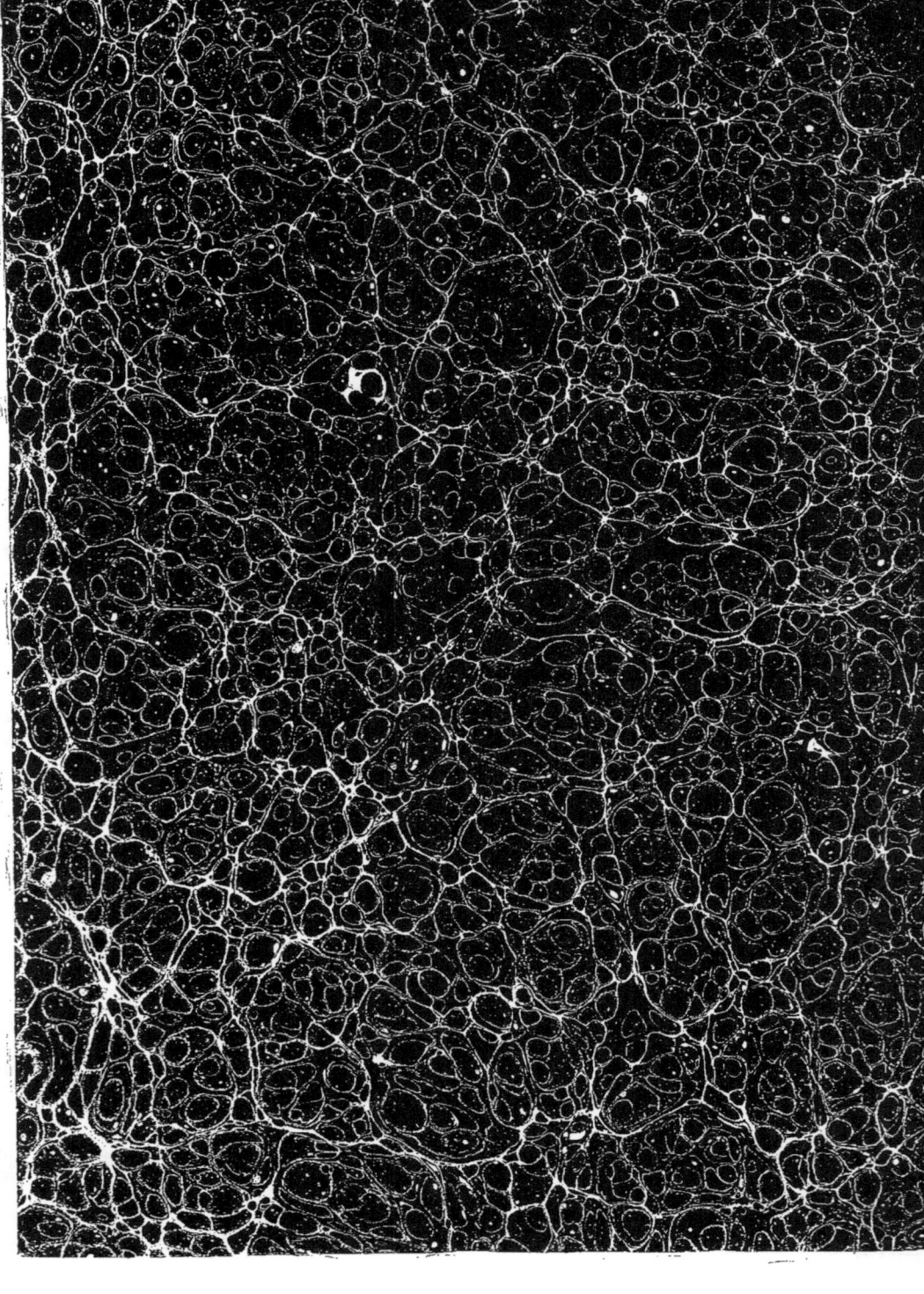

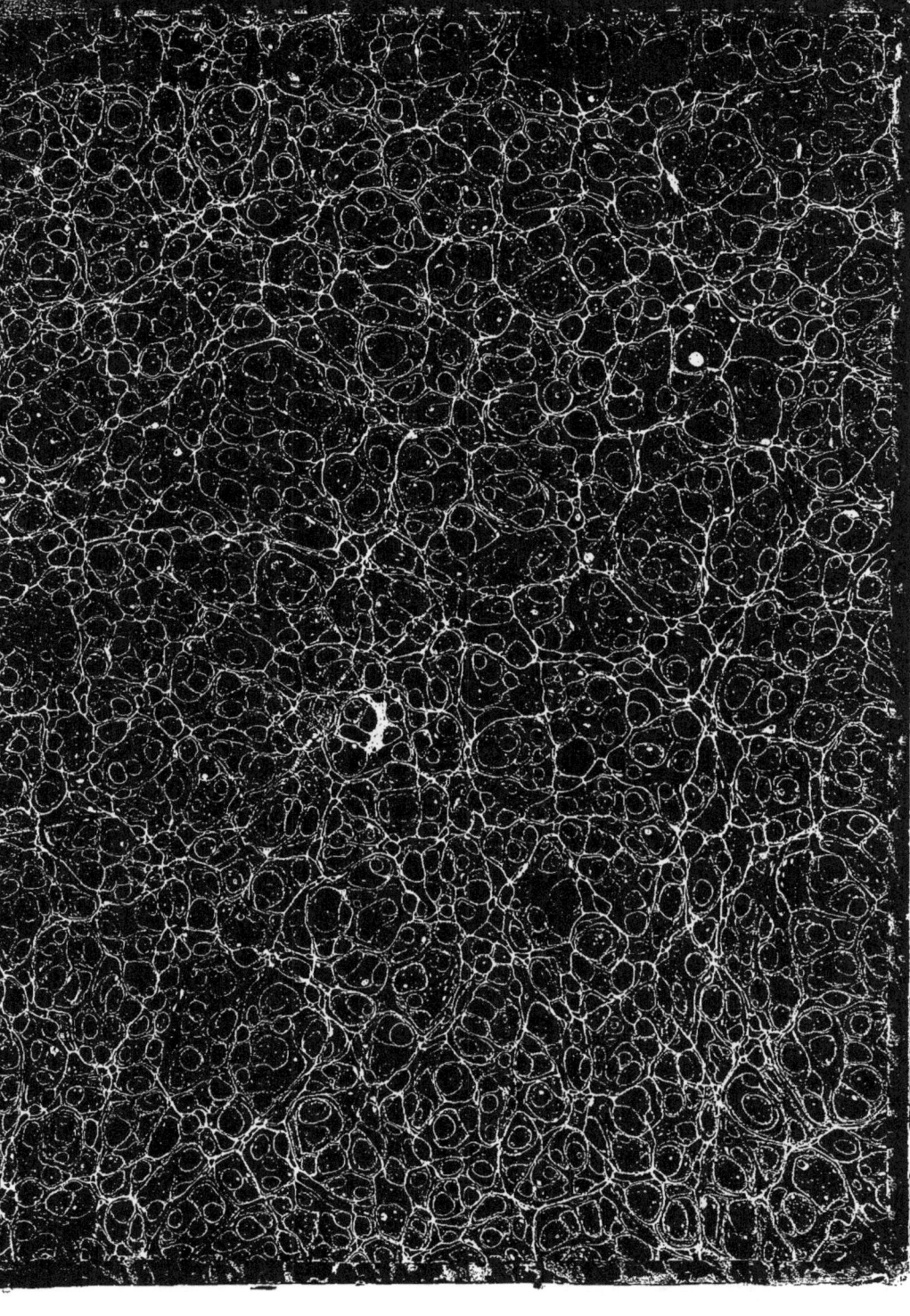